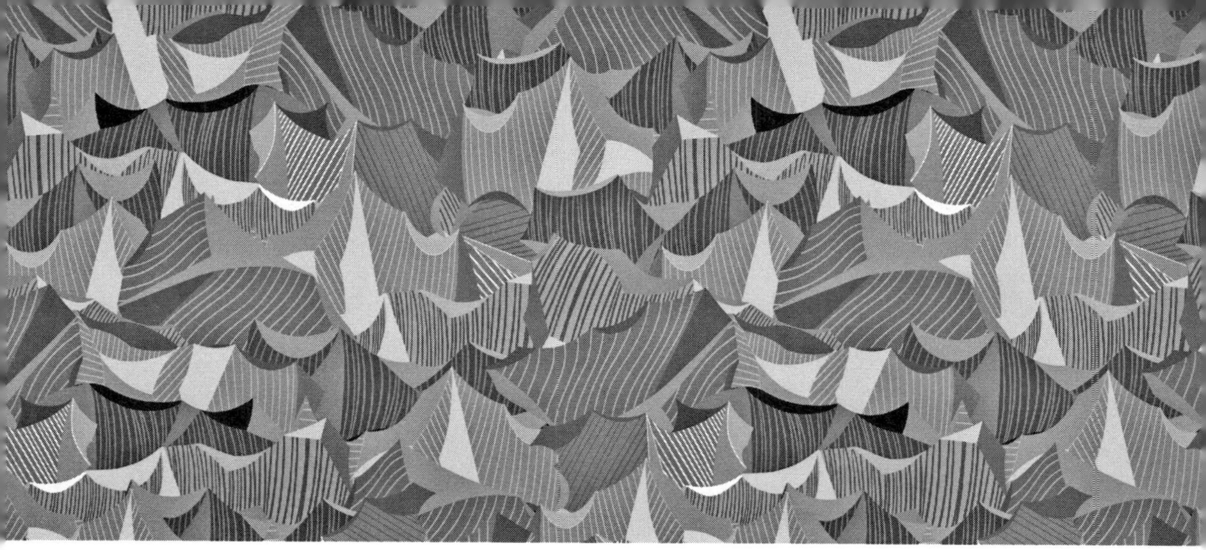

인문학탐색을 위한

일본의 이해

백동선 지음

신아사

머리말

일본은 우리에게 있어서 가장 가까이에 위치하고 있는 외국입니다. 알게 모르게 일본에 대한 이야기는 많이 듣고 자랐을 것입니다. 그것이 맞는 얘기일 수도 있고 경우에 따라서는 사실과는 맞지 않는 얘기도 있을 것입니다. 일본을 어떻게 평가하든 그 대상을 제대로 이해하고 자기의 판단능력으로 평가를 하는 것이 중요하다고 생각합니다.

이 책은 기본적으로 대학에 갓 입학한 신입생이 일본에 관심을 갖고 일본에 대해 알아보고자 하는 욕구에 부응하고자 집필한 것입니다. 일본에 대해 일반적으로 알고 있으면 좋을 것으로 판단되는 것 중에서 포괄적으로 일본을 이해할 수 있는 내용으로 구성하였습니다. 인문학탐색의 일본분야를 위한 텍스트입니다.

어떤 특정 분야에 대해 관심이 생겨 더욱 깊이 있게 알고자 할 경우에는 그 방면의 전문 서적을 탐독하는 것이 좋을 것입니다. 이 책은 어디까지나 일본의 전반적인 면을 분야별로 개괄적으로 정리한 책입니다. 따라서 대학생뿐만 아니라 평상시에 일본에 대해 전반적으로 이해하기를 바랐던 사람이면 읽고 이해하기 쉽도록 하였습니다.

일본을 이해하는 상식적인 선이라고 생각하면 되겠습니다. 일본에 대한 전체상을 파악하는 것이 이 책의 주된 목적이기 때문입니다. 단, 기본적인 면과 관련하여 조금 더 구체적인 내용이 필요하다고 생각되는 점에 대해서는 심화학습의 형태로 추가하였습니다. 교수자의 리드나 본인의 판단에 따라 적당히 참고만 해도 무방합니다. 조금 더 깊이 있게 알고 싶다고 생각될 경우에는 이 부분도 학습을 하는 것이 좋습니다.

참고로 한국과 대조되는 경우가 있습니다. 필요에 따라 중국과 대조되는 경우도 있습니다. 대조를 해 보면 상대적으로 이해가 잘 되기 때문입니다.

일본을 이해하기 위한 입문으로서 먼저 일본의 국토부터 살펴보도록 하겠습니다. 일본이라는 국명의 유래에 대해서도 알아보고 일본의 국가를 상징하는 것이 무엇인지에 대해서도 살펴봅니다.

한 나라를 살펴보는데 언어는 매우 중요합니다. 언어에는 그 언어를 사용하는 사람들의 모든 것이 함축되어 있기 때문입니다. 그래서 일본어를 살펴보도록 하겠습니다. 일본어 자체를 공부하는 것이 아니라 세계의 언어와 일본어의 관계라든가 일본어에서 매우 중요한 위치를 차지하는 한자 및 외래어와 관련된 상식적인 부분을 짚고 가겠습니다.

역사도 중요한 부분이지요. 일본의 역사를 동아시아, 특히 한국과 중국의 역사와 시대적으로 견주면서 살펴보도록 하겠습니다. 일본의 역사를 단독으로 학습하는 것보다 주변국과의 시대적 관계를 이해하는 것이 더 유용하거든요.

일본의 문화를 살펴보는 것도 매우 중요한 작업입니다. 일본의 전통문화와 대중문화를 살펴보는데 약간 생소한 것도 있을 수 있고, 우리에게 매우 친숙한 것도 있을 것입니다.

다음으로 일본의 사회를 이해할 수 있는 내용으로서 일본의 연중행사, 24절기와 더불어 신어유행어대상을 통해 일본 사회의 관심사를 알아보겠습니다. 일본의 음식과 일본의 관광지, 일본의 축제에 대해서도 간략하게 살펴보겠습니다.

일본의 정치경제와 미디어에 관련해서도 알아볼 필요가 있습니다. 일본의 문학도 중요하지요. 일본문학에 있어서 특징적인 면을 시대별로 살펴보겠습니다.

언어는 국제적으로 상호작용을 합니다. 일본어가 주변국에 미친 영향, 일본어에서 영어로 발전한 용어 등을 중심으로 살펴보겠습니다. 한국어에서는 많은 경우 한국어화하여 사용하고 있지만 국제어로 인정받은 일본어도 꽤나 있습니다. 일일이 암기할 필요는 없지만 개략적으로 살펴볼 가치는 있다고 생각합니다.

일본의 교육제도와 일본인과 관련하여, 일본의 학교 체제와 노벨상 수상 및 일본인의 성씨에 대해 알아보겠습니다. 일본인의 성씨는 세계에서 그 종류가 가장 많습니다. 일본인들도 서로 읽지 못하는 성씨가 매우 많지요. 이와 같은 특징적인 일본인의 성씨를 살펴보면 일본인의 생활 이면의 모습도 알 수 있습니다. 일본인의 인기이름순위도 덧붙입니다.

해설의 도움을 위하여 관련된 사진을 제시하는 경우가 있습니다. 사진은 주로 인터넷에 공개된 것을 사용하였습니다. 페이지의 여유 공간에 꼭 알고 있기를 바라는 한자성어 중에서 몇 가지를 선별하여 싣도록 하겠습니다. 인문학적인 기본 소양으로서 읽어 보면 많은 도움이 될 것입니다. 한자표기와 관련해서는 시대흐름에 맞게 간략한 한자를 원칙으로 합니다.

아무쪼록 이 책을 통하여 일본의 전체상을 파악할 수 있기를 바라고, 더불어 일반적인 상식의 폭을 더욱 넓힐 수 있는 계기가 되었으면 합니다.

2023년 2월 27일

백동선

목 차

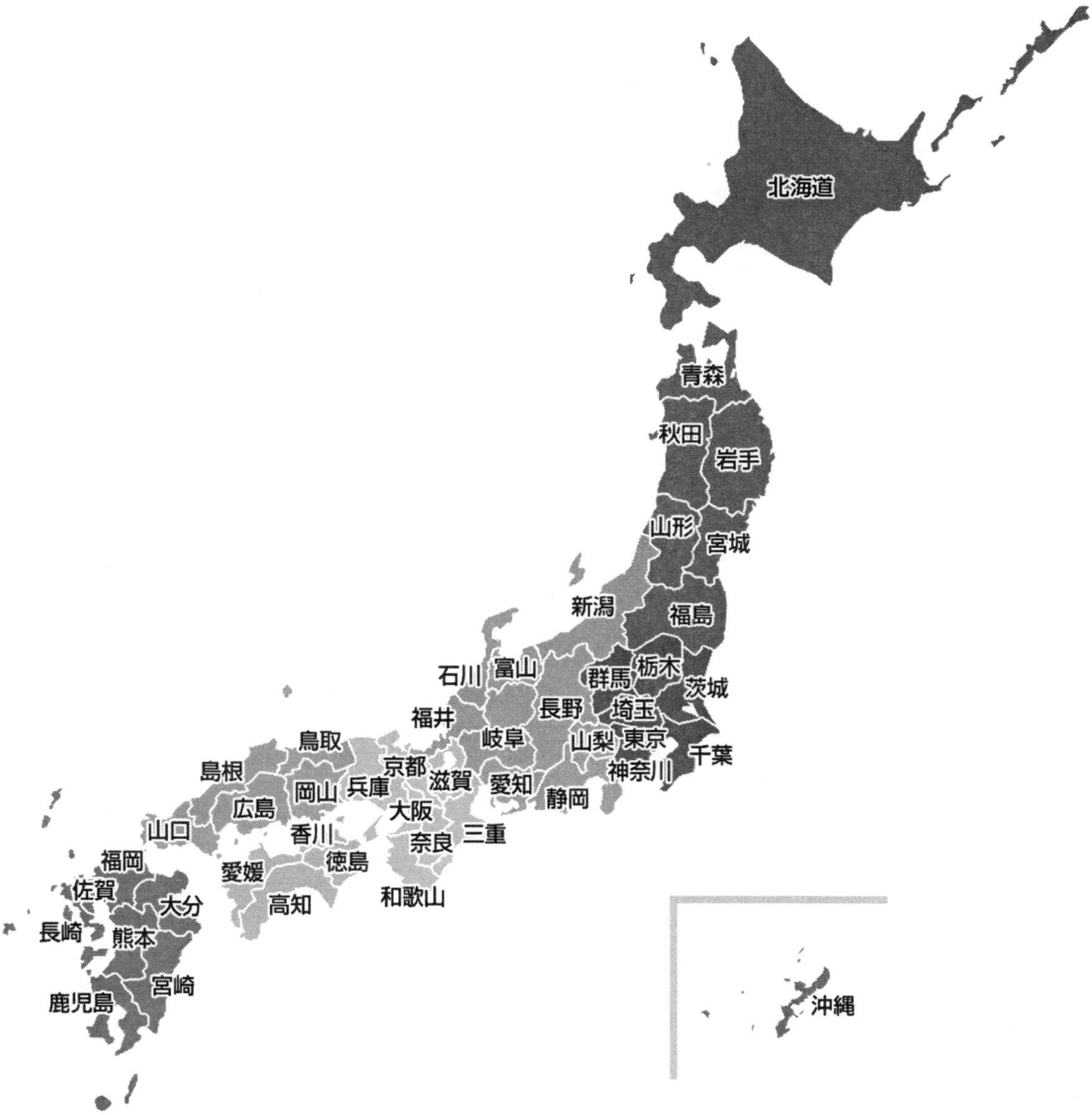
北海道
青森
秋田
岩手
山形
宮城
新潟
福島
石川
富山
群馬
栃木
茨城
福井
長野
埼玉
鳥取
岐阜
山梨
東京
千葉
島根
京都
神奈川
岡山
兵庫
滋賀
愛知
広島
大阪
静岡
山口
香川
三重
奈良
福岡
徳島
愛媛
佐賀
和歌山
大分
高知
長崎
熊本
宮崎
鹿児島
沖縄

일본지도

제1장

일본의 지리와 국가

1. 일본의 국토
2. 일본의 국명
3. 일본국가의 상징

상식 더하기

각 장을 시작하면서 추천하고 싶은 한자성어로 된 명언을 두 개씩 신도록 하겠습니다. 인문학적 소양을 넓이는 데 유용하리라고 생각합니다.

교학상장【教学相長】

교학상장(教学相長)은 가르치고 배우면서 서로가 성장한다는 뜻입니다. 중국의 사서오경(四書五経) 중의 하나인 예기(礼記)에 나오는 말입니다. 사서(四書)는 논어(論語), 맹자(孟子), 대학(大学), 중용(中庸)을 말하고, 오경(五経)은 시경(詩経), 서경(書経), 역경(易経), 예기(礼記), 춘추(春秋)를 말합니다. 역경(易経)은 주나라 때에 완성되었다고 하여 주역(周易)이라고도 하지요.

위편삼절【韋編三絶】

위편삼절(韋編三絶)이란 책을 하도 많이 읽어서 그것을 엮어 놓은 끈이 세 번이나 끊어졌다는 말로 책을 여러 번 반복해서 열심히 읽는다는 뜻입니다. 공자(孔子)가 만년에 주역(周易)에 심취하여 책을 읽고 또 읽으면서 학문 연구에 노력했다는 얘기에서 비롯된 말입니다. 사기(史記)에 나오는 글귀입니다.

1. 일본의 국토

일본은 작은 나라라는 느낌이 들지만, 일본이라는 나라는 비교적 큰 나라이다. 일본은 한국의 동쪽에 위치하고 있으며 남북으로 긴 형태의 섬나라이다. 남단에서 북단까지 일본의 남북은 3000킬로미터나 된다. 국토면적은 약 37만8천 평방킬로미터로 세계의 국가 중에서 62번째의 넓이이다. 지구상에 있는 육지의 약 400분의1에 해당한다. 세계에는 약 200여 개의 국가가 있으니까 국토면적의 면에서도 상위에 랭크되어 있다는 것을 알 수 있다. 러시아가 1위, 캐나다가 2위, 미국이 3위, 중국이 4위, 브라질이 5위이다.

유럽에서 일본보다 국토면적이 큰 나라는 스웨덴(45만), 스페인(50만5천), 프랑스(55만2천), 우크라이나(60만3천) 정도이다. 러시아(1707만5천)를 포함하면 하나가 더 늘어난다. 독일(35만7천)도 일본보다 작다. 세계 최대의 섬인 그린란드(덴마크령)는 217만 평방킬로미터이지만, 전토의 대부분이 얼음이다.

바다의 면적까지 합하면 일본은 더욱 넓어진다. 배타적 경제수역(EEZ)의 범위가 매우 넓은 것이다. 배타적 경제수역(exclusive economic zone ; EEZ)이란 어업을 하거나 석유 등의 천연자원을 캐거나 하는 활동을 다른 나라에게 방해받지 않고 자유롭게 행할 수 있는 수역을 말한다. 이 수역은 일본 국토면적의 10배 이상이나 되어 세계에서 6번째 정도의 넓이를 가지고 있다. 섬나라인 일본은 이용 가능한 바다가 다른 나라보다 상대적으로 훨씬 넓다는 뜻이다. 이 경제수역인 바다의 넓이는 중국보다 5배가 넓다. 해안선의 길이는 미국보다 길다. 참고로 해안선 길이가 가장 긴 나라는 캐나다이고, 일본이 6위, 미국이 8위, 중국이 11위이다.

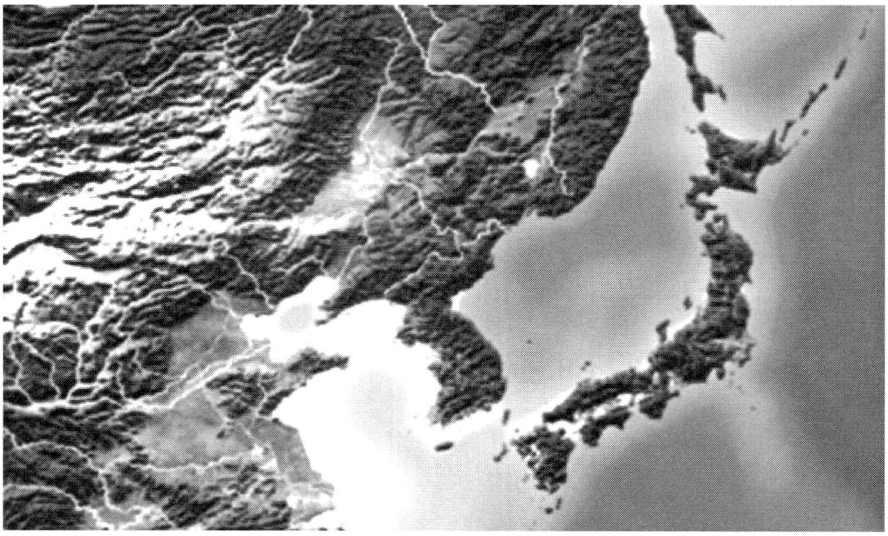

일본의 지리적 위치는 북위 20도에서 45도, 동경 122도에서 153도에 있다. 섬나라여서 사면이 바다로 둘러싸여 있다. 섬의 수는 전부 만 여개인데, 이 중에서 사람이 살고 있는 유인도는 400개 정도 된다. 여기에서 「섬」이라고 하는 것은 해안선의 길이가 100미터 이상인 것을 가리킨다. 일본은 이들 섬들이 열을 지어 이어져 있기 때문에 「일본열도(日本列島)」라고도 불린다.

큰 섬이 4개 있기 때문에 보통 「일본은 네 개의 큰 섬으로 구성되어 있다」라고들 한다. 이 네 개는 위로부터 「홋카이도, 혼슈, 시코쿠, 규슈」를 말한다. 혼슈가 가장 크고 홋카이도, 규슈, 시코쿠의 순서가 된다. 단, 이 네 개는 행정구역으로 구분된 것이 아니고, 섬으로 계산하지 않는 경우도 있다.

그래서, 일본에서 어디어디의 섬에 간다고 하는 경우에는 보통 이 네 개를 빼고 말하는 경우가 많다. 오키나와가

가장 나중에 병합되었다. 일본은 사진과 같이 8개의 지방으로 나뉜다. 광역자치단체는 47개이다. 이를 47도도부현(47都道府県)이라고 한다.

일본은 산악지대가 많다. 전체 육지 면적의 73퍼센트가 산지이다. 일본의 산을 보면 일본의 상징이라고 할 수 있는 후지산(富士山)이 3776미터로 가장 높다. 후지산은 상징성이 있기 때문에 일본 각지에 무슨무슨 후지산이라는 별칭을 갖고 있는 산이 많다. 이를 「향토후지(郷土富士)」라고 하는데, 예를 들면 홋카이도에 있는 요테이산은 홋카이도의 옛 이름을 따서 「에조후지」라고도 한다. 두 번째로 높은 산은 기타다케(北岳)로 3193미터이다. 일본에는 3000미터가 넘는 산이 20개가 넘는다.

강의 길이는 시나노강(信濃川)이 가장 길고 도네강(利根川)이 두 번째이다. 호수는 비와코(琵琶湖) 호수가 가장 크고 가스미가우라(霞ヶ浦) 호수가 두 번째의 크기이다.

한국과 비교를 해보도록 하자. 한국은 남북한 합쳐서 22만 평방킬로미터이며, 남한만으로는 10만 평방킬로미터로 세계 107위이다. 즉, 일본은 남한의 약 4배정도의 크기를 갖고 있는 셈이다. 한반도의 1.7배이다.

물론, 러시아나 중국, 미국, 브라질, 인도, 오스트레일리아 등과 비교하면 일본은 작다. 그러나 이렇게 큰 나라는 지구상에 존재하는 국가 중 소수에 지나지 않는다.

인구 면에서 보면, 일본은 약 1억3천만 명의 인구를 보유하여 세계 11위이다. 한국의 인구는 약 5200만 명으로 세계 28위이다. 세계의 인구 상위 10위의 순서는 1위 중국(13억7천만 명), 2위 인도(13억3천만 명), 3위 미국(3억3천만 명), 4위 인도네시아(2억8천만 명), 5위 파키스탄(2억3천만 명), 6위 나이지리아(2억2천만 명), 7위 브라질(2억2천만 명), 8위 방글라데시(1억7천만 명), 9위 러시아(1억4천만 명), 10위 멕시코(1억3천만 명)이다. 인구 통계는 계속 변화 중이다.

그런데 인식적으로 우리는 일본에 대해 작은 나라라는 개념을 갖고 있다. 왜

그럴까? 우리가 갖고 있는 「작은 나라 일본」은 원래는 국토면적에서 비롯된 것이 아니라 신체적 특징에서 비롯된 것이다.

일본은 역사적으로 신장이 왜소(矮小)했다. 이것이 작은 나라 일본이라는 인식의 출발점이다. 그리고 일본이라는 국명도 중국에 의해 왜국(倭国)이라 불렸으며, 그것을 한국도 그대로 받아들인 것이다. 「왜국(倭国)」이란 「키 작은 나라」라는 뜻이다. 당시에 일본인의 체구가 상대적으로 작아 왜인(矮人)이라 하였는데 이것이 변하여 생긴 용어라는 것이다. 단, 일본에서는 인정하지 않는 경향이다.

이와 같이 신체적 특징에 의해 비롯된 「작다」라는 개념이 역사의 흐름과 동시에 점차 국토면적으로서의 「작다」라는 개념으로 이어진 것이다. 역사적으로 살펴보면 그렇다. 그런데 현재 일본인들의 의식에도 자국에 대해 「작은 나라 일본」이라는 개념이 형성되어 있다. 실질적으로 이것은 근대 초기에 서구 열강, 특히 미국과 견주어 보면서 종합적으로 형성된 것이라 할 수 있다.

그러나 현재는 일본을 나타낼 때 「왜(倭)」라는 표현은 쓰지 않는다. 「왜(倭)」라는 개념이 어원적으로도 좋지 않을 뿐 아니라, 「왜구(倭冦)」 등 역사적 이미지가 좋지 않기 때문이다. 현재는 일본어로서 「왜(倭)」와 일본어 발음이 똑같은 「화(和)」를 쓰고 있다. 「화(和)」는 일본 고대국가인 「야마토(大和)」부터 사용되어온 한자이고 「화합하다, 온화하다」 등, 「왜」보다는 훨씬 고상한 의미를 지니고 있기 때문이다.

따라서 「일본음식」은 「왜식(倭食)」이 아니고, 「화식(和食)」이 된다. 물론, 한국어로는 「일식(日食)」 또는 「일식(日式)」이라고 한다. 일본 전통복장이라면 「왜복(倭服)」이 아니라 「화복(和服)」이 된다는 것이다. 우리가 흔히 쓰고 있는 「화과자(和菓子)」를 굳이 한국어식으로 바꾼다면 「일본과자」이다.

화과자(**和菓子**)

나중에 학습할 일본에서 조합한 일본제한자어는

「화제한어(和製漢語)」라고 하고 일본식으로 뜻을 부여하여 사용하는 일본식 영어는 「화제영어(和製英語)」라고 한다.

어떤 일본학자에 의하면, 일본은 옛날부터 「왜(倭)」라고 불렸는데, 이는 「인(人)」과 「위(委)」자를 합친 것으로 「타인에게 자신을 위임(委任)한다, 즉, 맡긴다」는 뜻을 나타내며, 타인에게 잘 따르는 일본인의 습성을 나타낸다고 한다. 그러나 이것은 문자를 편의적으로 분석하여 문화적으로 해석한 것이므로 근원과는 관계없는, 일본인의 습성과 결부시킨 이야기일 뿐이다. 어원은 일본인의 습성에서 비롯된 것이 아니라, 신체적 특성에서 비롯된 것이다.

2. 일본의 국명

2.1 일본(日本)

일본이라는 나라의 공식 표기는 「일본국(日本国)」이다. 「日本」은 줄여서 쓰는 말인데 「니혼」 또는 「닛폰」으로 읽는다. 「니혼」은 음운 생략에 의한 관용적인 읽기이고, 「닛폰」은 문법적인 읽기이다.

「일본(日本)」이라는 국호는 7세기 후반부터 사용되기 시작하였다. 처음에는 「닛폰」, 「짓폰」으로 읽힌 것으로 보인다. 「야마토」로 읽힌 경우도 있었다. 그 후, 시간의 흐름과 더불어 「니혼」이 일본 국내에서 관용적으로 읽히게 된다.

일본이라는 국호를 「일본국(日本国)」이라고 할지 「일본(日本)」이라고 할지에 대하여 법령으로 정해져 있지는 않다. 일본국 외무성에서 발급하는 여권의 표지에 「日本国」이라고 표기되어 있고, 일본공업규격도 「日本国」이라고 표기하며, 일본의 헌법도 「日本国憲法」이라고 표기하기 때문에 「일본국(日本国)」을 공식 표기로 보는 것이다.

「일본(日本)」은 「해가 떠오르는 곳」이라는 뜻이다. 결국은 중국이라는 국가의 위치에서 보았을 때 일본은 해가 떠오르는 곳이다. 「해가 떠오르는 나라」라는 표현은 7세기 초에 일본에서 중국에 사신을 보낼 때 자국을 가리켜 쓰기 시작하였다고 알려져 있다.

실질적으로 일상생활에서는 「니혼」이 주로 쓰이고, 「닛폰」은 대외적인 경우에 주로 쓰이며 이때는 로마자로 「NIPPON」을 사용하는 경우가 많다. 그래서 일본의 우표에는「NIPPON」이 사용되고 있고, 일본의 지폐에도「NIPPON」이 사용되고 있으며 지폐발권자인「日本銀行(일본은행)」도「NIPPON GINKO」로 표기한다.

또한「닛폰」이 음성적으로 강렬함이 느껴지고 디자인적으로도 세련되게 보이기 때문에 국가간 대항의 스포츠 시합의 경우에는 대부분「닛폰」, 로마자 표기로「NIPPON」을 쓰고 있다.

2.2 JAPAN

일본을 영어로 표기할 때는 Japan이라고 한다. 일본을 왜 Japan이라고 하게 되었는지에 대해서는 여러 가지 설이 있다.

가장 일반적으로 알려져 있는 것은 이탈리아의 마르코 폴로가 동방견문록에서 일본을 가리켜「황금의 나라 지팡구」라고 표현한데서 비롯되었다는 것이다. 마르코 폴로는 중국의 원나라에서 관직에 올라 17년을 살았다. 일본에 관한 얘기는 이때에 일본을 다녀온 적이 있는 중국인으로부터 전해들은 것으로 보인다. 그중에서도 특히 현재의 이와테현에 있는 금으로 장식된「츄손지곤지키도(中尊寺金色堂)」의 화려함을 전해 듣고 당시 이 지역에서 막대한 금이 산출되었던 것과 더불어 황금의 나라라는 관념을 가지게 되었다. 그와 같은 개념이 동방견문록에서 일본을 묘사할 때에 사용되었고 유럽에 알려지게 되었다는 것이다. 「츄손지곤지키도(中尊寺金色堂)」는 일본의 국보로 지정되어 있다.

츄손지곤지키도(中尊寺金色堂)

마르코폴로가 일본을 황금의 나라라는 인식을 갖게 된 계기가 교토에 있는 「금각사」라는 설도 있으나 이는 맞지 않다. 동방견문록은 금각사가 완성(1397년)되기 100여 년 전에 쓰였기 때문이다.

또한 Japan에 관련해서는 중국의 남방지역에서 일본을 가리켜 부른 중국식 표현, 특히 광동어식 표현이 변화하였다고 보는 설도 있다.

그러나, 가장 설득력이 있다고 생각되는 것은 일본을 「짓폰」이라고 읽은 적이 있었고, Japan 이 여기에서 비롯되었다고 보는 것이다. 「짓폰」을 로마자로 표기하면 「JIPPON」이 된다. 여기에서 음운변화에 의해 「JAPAN」이 되었다고 볼 수 있다.

「日本」을 영어로는 Japan, 프랑스어로는 Japon이라고 한다. 국제규격(ISO)으로서의 3문자 약호는 「JPN」, 2문자 약호는 「JP」이다.

3. 일본국가의 상징

3.1 일본의 국화(国花)

일본을 상징하는 대표적인 상징물을 살펴보기로 한다. 먼저, 국가를 상징하는 꽃인 국화(国花)부터 보도록 하자.

일본을 상징하는 꽃인 국화(国花)는 일반적으로 벚꽃으로 인식되어 있다. 단, 이것은 법률로 정해져 있지는 않다. 전통적으로 일본인들의 마음속에 일본을 상징하는 꽃으로 여겨져 왔으며 매우 친숙한 꽃이기도 하다. 매년 봄에 벚꽃이 피는 계절이 되면 전국 각지에서 벚꽃놀이인「하나미」를 즐기는 모습을 볼 수 있다. 벚꽃은 일본의 100엔짜리 동전의 표면에 그려져 있다. 일본을 상징하는 나무인 국목(国木)도 벚나무(桜)이다.

일본의 국화(国花)를 국화(菊花)꽃으로 인식하는 경우도 있다. 그러나, 국화(菊花)는 일본의 황실을 상징하는 문양이다. 50엔짜리 동전에 새겨져 있다.

3.2 일본의 국기(国旗)

일본의 국기(国旗)는 일장기(日章旗)이다. 일본은 예로부터 자국을「해가 떠오르는 나라」라는 개념을 갖고 있었는데, 이는 중국에 사신을 파견할 때부터 사용되어 왔기에 결국은 중국의 동쪽에서 해가 뜨는 나라라고 칭하였음을 알 수 있다. 하얀 바탕의 빨간 동그라미는 태양을 나타낸다.

1870년에 제정되어 사용되다가, 1999년에 시행된「국기 및 국가에 관한 법률」에 의해 일장기(日章旗)를 국기로 규정하였다.

3.3 일본의 국가(国歌)

일본의 국가(国歌)는「기미가요(君が代)」이다. 10세기 초의「고금화가집」이라는 시집에 나오는 작자미상의 와카(일본 전통 시의 종류)에서 비롯되었다. 세계의 국가(国歌) 중에서 가장 오래된 작사로 알려져 있다. 내용이 천황의 치세를 칭송하는 것으로 되어 있어 거부감도 있다.

1930년부터 국가로 간주되어 오다가 1999년에 시행된「국기 및 국가에 관한 법률」에 의해「기미가요」를 국가로 규정하였다.

3.4 국가문양과 정부문양

일본 국가를 상징하는 문양은 국화(菊花)이다. 일반적으로 벚꽃을 국화(国花)로 인식하고 있는 것과는 다르게 국화꽃을 국가의 문양으로 사용하고 있다. 천황가를 상징하는 문양이 국화(菊花)이기 때문에 천황제 국가임을 나타내고자 함일 수도 있다. 대외적으로 사용하는 일본국여권의 표지는 국화꽃 문양으로 장식되어 있다.

한편, 일본 정부를 나타내는 문양은 오동(桐)이다. 오동은 예로부터 신성시되어 온 나무로 일본의 황실에서도 국화 문양 다음으로 중요시한 문양이기도 하다. 그래서 천황 다음으로 실질적인 권한을 갖고 정권을 담당한 자의 상징이기도 하였다. 쇼군의 상징이기도 한 것이다. 현재 사용되고 있는 500엔짜리 동전의 표면에 오동나무가 새겨져 있는 것은 그런 연유이다. 일본 화투에서 12월을 나타내는 꽃그림의 바탕이 오동나무와 봉황인 것도 권력의 상징을 묘사한 것이다.

3.5 일본의 국조

일본의 국조는 꿩이다. 꿩은 예로부터 일본인에게 꽤나 친숙한 새이다. 일본의 옛날이야기를 대표하는 모모타로(복숭아 도령)에서 대장인 모모타로를 도와 원숭이, 개와 함께 도깨비를 퇴치하는데 일조한다. 나라시대(710년-794년)에 성립한 일본에서 가장 오래된 현존하는 시집(와카집)인 만요슈에서부터 등장한다. 현재 사용하고 있는 1만엔권 지폐의 뒷면에도 새겨져 있다.

3.6 일본의 국기(国技)

일본의 국기(国技)에 대해서 법령으로 정해져 있지는 않다. 일본 고유의 무도는 스모와 유도, 가라테 등을 들 수 있는데, 이중에서도 특히 스모(相撲)가 일본의 국기로 일반적으로 알려져 있다. 한국의 씨름과 비슷하다고 볼 수 있다. 일본에서 스모경기를 주로 하는「국기관(国技館)」이라는 경기장이 있는데 여기에서도 스모를 국기로 보고 있음을 엿볼 수 있다.

가장 인기가 있는 스모대회는 1년에 6번 정기적으로 행하는 오즈모(大相撲)이다. 1월, 3월, 5월, 7월, 9월, 11월에 각각 도쿄, 오사카, 도쿄, 나고야, 도쿄, 후쿠오카에서 대회를 치르는데 1년 중에 3번 하는 도쿄대회 장소가 전부 국기관이다.

3.7 일본의 국주

일본을 대표하는 국주(国酒)라고 할 수 있는 술은 일본주(日本酒)이다. 누

룩을 빚어서 만든 양조주로서 전통 민속주이다. 역사가 아주 오래되어서 1300년 전부터 제조되었다고 전해지고 있다. 한국에서는 주로 청주(清酒)로 표현한다.

일본의 각지에서 그 지방의 기후와 풍토에 맞는 특유의 일본주를 제조하며 전통을 이어가고 있다. 알콜 도수는 15도 전후이며, 주로 따뜻하게 데워서 마시는 경우가 많다. 일본어로「사케」라는 말은 술 일반을 가리키는데, 좁은 의미로 일본주를 나타내기도 한다. 그래서 영어로 일본주를 말할 때는 SAKE라고 표현한다.

제2장

일본의 언어

1. 세계의 언어와 일본어
2. 일본어의 한자와 외래어
3. 한자와 관련한 상식

상식 더하기

온고지신【温故知新】

온고지신(温故知新)이란 옛것을 익히고 그로 인하여 새것을 안다, 라는 뜻입니다. 옛 학문을 되풀이하여 익히고 거기에서 발전적으로 현실 감각을 키울 수 있는 새로운 학문을 이해해야 비로소 남을 가르치는 스승이 될 자격이 있다는 말이지요. 결과적으로 공부를 열심히 하자는 얘기입니다. 논어(論語)에 있는 말입니다.

의기헌앙【意気軒昂】

의기헌앙(意気軒昂)은 뜻과 기운이 왕성하고 당당하여 적극적으로 나아가는 것을 의미합니다. 반대말인 의기소침(意気銷沈)과 대비해 보면 그 뜻이 명확하게 부각되지요. 비슷한 말인 의기양양(意気揚揚)은 많이 들어봤을 것입니다. 모든 일을 당당하고 적극적으로 행할 수 있으면 좋겠네요.

1. 세계의 언어와 일본어

지구상에는 약 3000여 개의 언어가 존재한다. 매스컴에서는 6000개를 거론하는 경우도 있지만 이것은 언어학계에서 인정받은 숫치가 아니다. 언어학계에서는 일반적으로 적게는 2800개에서 많게는 3500까지를 인정 범위에 넣고 있다.

그러나 이 중에서 일반적으로 알려지거나 우리가 알고 있는 언어는 별로 많지 않음을 알 수 있다. 어떤 사람이 태어나서 자연적으로 습득한 언어를 사용하는 인구의 총합을 언어사용인구라고 한다. 국가나 국적과는 다른 개념이다. 언어사용인구를 살펴보면 대략 언어의 판도를 가늠할 수 있다. 자연언어로서의 화자(話者)가 1억 명 이상인 언어를 대언어(大言語, major language)라고 하는데, 대언어는 다음의 표와 같이 10개가 있다. 언어사용인구수는 개략적인 숫자이다.

〈언어사용인구표〉

순위	언 어	언어사용인구수	주요사용국
1	중국어	13억	중국
2	영어	6억	영국, 미국
3	힌디어	3억5천	인도
4	러시아어	2억8천	러시아
5	스페인어	2억5천	스페인, 남미
6	아랍어	2억	아랍연합
7	포르투갈어	1억9천	포르투갈, 남미
8	벵골어	1억8천	방글라데시
9	프랑스어	1억6천	프랑스
10	일본어	1억3천	일본

표를 보면 2억을 넘는 언어사용인구를 보유하고 있는 언어가 여섯 개이고, 1억에서 2억까지의 언어사용인구를 보유한 언어가 네 개로서, 이상이 상위 10위권의 언어들임을 알 수 있다. 이 중, 일본어는 1억3천만 명의 언어사용인구로 제10위를 점하고 있다. 국가별 인구 순위와 비슷하다.

세계의 언어사용인구를 말할 때 인도네시아가 항상 문제가 된다. 인도네시아의 경우, 총인구는 2억8천만 명으로 세계 4위이다. 그러나 인도네시아에는 300 이상의 종족이 있고 250여 개의 언어가 있다. 이 중, 언어사용인구 1위는 자바어이고, 2위는 순다어, 3위는 인도네시아어이다. 이 3위권의 언어인 인도네시아어가 인도네시아의 국어로 정해져 있다. 정책적 배려라고 할 수 있다. 자바어를 모어로 하는 인구가 1억에 육박하며, 인도네시아어를 모어로 사용하는 인구는 3천만 정도이다. 한편, 한국어는 언어사용인구 7천5백만 명으로 세계 15위권이다. 언어사용인구의 통계는 학자에 따라 차이가 있다.

지구상에 3천개 정도 있는 언어 중에 일본에서 사용되는 언어는 주로 3개로 계산한다. 하나는 전국공통어인 일본어이고, 또 하나는 홋카이도의 아이누어, 다른 하나는 오키나와의 류큐어이다. 현재 오키나와의 류큐어는 일본어에 많이 동화되어 오키나와방언화하는 과정에 있지만 원래는 다른 언어이다.

일본어에 대하여 일본의 학교교육에서는「국어」라는 명칭으로 교육되는 경우가 많고,「일본어」라는 명칭은 세계의 여러 언어 중의 하나라는 객관적인 명칭으로서 외국인을 위한 일본어교육에서 주로 사용되는 용어이기도 하다. 그러나 근래에는 일본어라는 용어가 국제화와 더불어 그 사용 폭을 넓혀가고 있다고 할 수 있다. 해외에서는 유력한 외국어의 하나로 학습하는 경우가 많다.

일반적으로 일본어 학습자가 공부하는 일본어는 전국공통어로서의 일본어이다. 공통어로서의 일본어는 도쿄의 주거지역에 거주하는 교양 있는 일본인들이 사용하는 언어이다.

일본어의 문자 이름은「가나」라고 한다. 가나는「히라가나」와「가타카나」라는 두 가지 종류로 나뉜다. 음가가 같은 문자가 두 종류가 있다는 것이다. 까다롭게 느껴지지만 생각해 보면 영어도 대문자와 소문자라는 두 가지의 문자 체계를 갖고 있다. 일상적인 문자생활에 있어서는 히라가나가 한자와 섞여서 일반적으로 쓰인다. 가타카나는 외래어를 표기할 때에 주로 쓰인다. 그 밖에 숫자나 로마자 등이 필요에 따라 쓰이게 된다.

일본어의 문자표인 히라가나표와 가타카나표를 제시하도록 한다. 지금은 문자를 익히는 시간이 아니기 때문에 일본의 문자가 어떻게 생겼는지를 시각적으로 알아 두면 된다. 일본어 자체를 학습하고 싶은 경우는 언어학습을 따로 해야 한다.

먼저 히라가나표이다. 히라가나는 다음과 같이 생겼다. 원래의 한자를 매우 흘려 쓰는 초서체에서 발달하였기 때문에 글자체가 매우 유연하게 보인다. 일본어의 문자표는 다음의 표와 같이 다섯 개의 단과 열 개의 행으로 구성되어 「오십음도」라고 한다.

【히라가나】

행 단	あ행	か행	さ행	た행	な행	は행	ま행	や행	ら행	わ행	
あ단	あ	か	さ	た	な	は	ま	や	ら	わ	ん
い단	い	き	し	ち	に	ひ	み		り		
う단	う	く	す	つ	ぬ	ふ	む	ゆ	る		
え단	え	け	せ	て	ね	へ	め		れ		
お단	お	こ	そ	と	の	ほ	も	よ	ろ	を	

가타카나표는 다음과 같다. 가타카나는 한자의 일부분에서 따와 복잡한 한문을 일본어로 해독하기 위한 일종의 부호에서 발달하였기 때문에 각이 져있고 딱딱한 인상을 준다.

【가타카나】

행 단	ア행	カ행	サ행	タ행	ナ행	ハ행	マ행	ヤ행	ラ행	ワ행	
ア단	ア	カ	サ	タ	ナ	ハ	マ	ヤ	ラ	ワ	ン
イ단	イ	キ	シ	チ	ニ	ヒ	ミ		リ		
ウ단	ウ	ク	ス	ツ	ヌ	フ	ム	ユ	ル		
エ단	エ	ケ	セ	テ	ネ	ヘ	メ		レ		
オ단	オ	コ	ソ	ト	ノ	ホ	モ	ヨ	ロ	ヲ	

2. 일본어의 한자와 외래어

2.1 일본어의 한자

일본어에 있어서 한자(漢子)는 매우 중요한 역할을 하고 있다. 실제의 언어생활에서 실질적인 내용에 대해서는 거의 대부분 한자로 표기하고 문법적인 기능을 하는 부분이나 접속사나 부사와 같은 고유어에 의한 표현을 가나로 표기하는 정도이다.

우리가 일본어를 학습할 때도 한자는 피해갈 수 없는 분야이다. 그런데, 이 한자가 꽤나 어렵다. 한국어의 한자는 한 글자를 한 음으로 읽는 것이 일반적이지만, 일본어의 한자는 같은 한자가 여러 가지로 읽히기 때문이다.

일본어의 한자에는 기본적으로 음독(音読)과 훈독(訓読)이라는 두 가지 읽기가 있다. 음독이란 중국어식 음인데, 한국어에 있어서의 한자 읽기와 흡사한 방식이다. 예를 들어 「山(산)」이라는 한자를 「산」이라고 읽는 것이 음독이다.

훈독이란 일본 고유의 말에 의미가 상통하는 한자를 대입시킨 것으로 일본어 한자 읽기의 독특한 방식이라고 할 수 있다. 예를 들어 「山(산)」이라는 한자를 「야마」라고 읽는 방식이 훈독이다. 즉 「산」이라는 한자가 들어오기 전부터 「야마」라는 일본어는 있었고, 나중에 「山(산)」이라는 한자가 도입되어 의미적으로 대응하는 「야마」라는 고유어에도 이 한자를 사용하게 된 것이다.

음독은 「후지산」과 같이 다른 한자와 결합하여 단어를 형성하는 경우가 많고, 훈독은 그 자체가 단어인 경우가 많다. 즉, 「山(야마)」는 한국어의 「산」에 해당하는 단어이다. 또한, 음독과 훈독이 서로 섞여서 사용되는 경우도 있다.

일본에서는 한자교육을 꽤 중요시하고 있다. 일본의 초등학교 1학년 때부터 한자교육이 의무화되어 있고, 교육해야 할 한자의 단어도 학년별로 배정되어 있다. 반면에 한국에서의 한자교육은 입시교육에 밀려 제대로 교육이 되고 있지 않는 실정이다. 중학교 때부터 학교에서 한자교육을 하고 있지만, 문자보다는 한자로 되어 있는 문장, 즉 한문을 교육하는 경향이 있어 현실적으로 활용도가 낮다고 할 수 있다.

일본에서는 어느 정도 수준의 한자가 학년별로 배정이 되어 있는지 살펴보도록 하자. 일본에서 일상적으로 필요하다고 판단되는 한자를 정부가 정한 한자는 「상용한자 2136자」이다. 이 중에서 초등학교 6년 동안에 배정된 한자는 「교육한자 1026자」이다. 그러니까 상용한자 안에 교육한자가 포함되어 있는 것이다.

여기에서는 한국에서도 같이 쓸 수 있는 한자를 중심으로 초등학교 학년별로 20자씩의 한자를 한국어음과 함께 싣도록 한다. 자신의 한자실력과 견주어 보기 바란다. 표기는 복잡한 구식 글자보다는 시대에 맞게 간략화된 약자를 사용하도록 한다. 지금 한자를 한 글자 한 글자 암기할 것이 아니라 이 정도의 한자를 일본의 초등학생들은 공부를 하고 있다는 점을 생각하면서 살펴보기 바란다.

1) 초등학교 1학년에 배정된 80자 중 20자

円(둥글 원), 音(소리 음), 花(꽃 화), 学(배울 학), 足(발 족)
気(기운 기), 休(쉴 휴), 金(쇠 금), 空(빌 공), 校(학교 교)
字(글자 자), 文(글월 문), 生(날 생), 青(푸를 청), 早(이를 조)
草(풀 초), 百(일백 백), 本(근본 본), 立(설 립), 林(수풀 림)

2) 초등학교 2학년에 배정된 160자 중 20자

園(동산 원), 歌(노래 가), 絵(그림 회), 楽(즐길 락), 顔(얼굴 안)
帰(돌아갈 귀), 強(굳셀 강), 教(가르칠 교), 計(꾀 계), 語(말씀 어)
谷(골 곡), 算(셀 산), 室(집 실), 場(마당 장), 晴(맑을 청)
線(줄 선), 聞(들을 문), 読(읽을 독), 番(차례 번), 曜(빛날 요)

3) 초등학교 3학년에 배정된 200자 중 20자

育(기를 육), 駅(역 역), 銀(은 은), 軽(가벼울 경), 幸(다행 행)

酒(술 주), 商(장사할 상), 整(가지런할 정), 調(고를 조), 動(움직일 동)

配(나눌 배), 発(필 발), 美(아름다울 미), 品(물건 품), 物(물건 물)

勉(힘쓸 면), 薬(약 약), 遊(놀 유), 旅(나그네 려), 練(익힐 련)

4) 초등학교 4학년에 배정된 202자 중 20자

愛(사랑 애), 塩(소금 염), 課(매길 과), 観(볼 관), 願(원할 원)

機((베틀 기), 群(무리 군), 験(시험 험), 候(기후 후), 最(가장 최)

試(시험할 시), 成(이룰 성), 続(이을 속), 特(특별할 특), 標(표할 표)

副(버금 부), 満(찰 만), 養(기를 양), 類(무리 류), 録(기록할 록)

5) 초등학교 5학년에 배정된 193자 중 20자

移(옮길 이), 演(펼 연), 格(격식 격), 許(허락할 허), 禁(금할 금)

経(지날 경), 護(보호할 호), 耕(밭 갈 경), 酸(초 산), 謝(사례할 사)

賞(상줄 상), 情(뜻 정), 率(거느릴 솔), 適(맞을 적), 導(인도할 도)

複(겹칠 복), 編(엮을 편), 豊(풍년 풍), 綿(솜 면), 歴(지날 력)

6) 초등학교 6학년에 배정된 191자 중 20자

閣(집 각), 勤(부지런할 근), 敬(공경 경), 誤(그르칠 오), 穀(곡식 곡)

若(같을 약), 就(나아갈 취), 蒸(찔 증), 誠(정성 성), 染(물들 염)

暖(따뜻할 난), 難(어려울 난), 乳(젖 유), 秘(숨길 비), 訳(번역할 역)

優(뛰어날 우), 預(맡길 예), 翌(다음날 익), 覧(볼 람), 論(논할 론)

한편, 일본에서 필요에 의해 중국에 없던 한자를 독자적으로 만들어서 쓰는 한자도 있는데 이것을 일본의 국자(国字, 고쿠지)라고 한다. 일본국자는 어려운 한자가 대부분인데 일반적인 생활에서 많이 사용하여 꽤나 친숙한 것도 있고, 보면 바로 이해가 가능한 한자도 있다.

예를 들면 「働(도), 腺(센), 躾(시쓰케), 硴(가키), 噺(하나시), 畑(하타케)」 등이 그렇다. 「働(도)」는 사람이 움직이는 것을 나타내니 「일하다」라는 뜻으로 「労働(노동)」 등에 쓰인다. 그러니까 한국에서 쓰는 「노동(労動)」과 뜻은 같지만 한자표기가 다르게 된다. 「腺(센)」의 경우는 「편도선(扁桃腺)」과 같이 한국에서도 일반적으로 쓰이는 표현이며, 「躾(시쓰케)」는 몸을 아름답게 하는 것이니 「예의범절」이 되는 것이다. 「硴(가키)」는 일반적인 표기는 아니지만 한국에서도 「석화(石花)」라고 하는 「굴」이며, 「噺(하나시)」는 입에서 새로운 것이 생성되니 「이야기」라는 뜻이다. 「畑(하타케)」는 밭을 뜻하는 「화전(火田)」을 한 글자로 모아서 표현한 것이다.

2.2 일본어의 외래어

한자에 의해 만들어진 용어는 넓게 보면 일종의 외래어이다. 중국식 단어이기 때문이다. 그러나 한자로 된 단어는 차용어라는 개념은 있지만 외래어라는 개념은 별로 없다. 「経済(경제), 文化(문화), 演説(연설), 化学(화학), 銀行(은행), 地球(지구)」 등과 같이 일본에서 새로운 또는 근대적인 의미로 만들어서 사용하게 된 한자어를 「신한어(新漢語)」라고 하는데 이들도 마찬가지이다.

일본어에 있어서의 외래어는 서양어로부터의 차용어가 대부분으로 그러한 점에서 서양어라고 할 수도 한다. 그러나 중국어나 한국어에서 들어온 것이라도 근대이후에 들어온 것은 외래어에 포함한다.

이러한 의미에서 일본에 외래어가 최초로 들어온 것은 중세 말부터 근세초기에 걸쳐서라고 볼 수 있는데 이때는 포르투갈어, 스페인어, 네덜란드어로부터 많은 단어가 들어왔다. 에도시대 말엽부터 메이지시대 이후에 걸쳐서는 영어, 독일어, 프랑스어, 이탈리아어 등 여러 언어로부터 단어가 들어와 있다. 일본어에 들어온 외래어를 국적별로 정리해 보면 다음과 같다.

- 포르투갈어 : カッパ(우비), タバコ(담배), カステラ(카스텔라), カルタ(카드), パン(빵), ボタン(버튼)
- 스페인어 : メリヤス(메리야스)
- 네덜란드어 : コーヒー(커피), ビール(맥주), ガラス(유리), コップ(컵), ゴム(고무), アルコール(알코올), コンパス(컴퍼스), セメント(시멘트), フラスコ(플라스크), ポンプ(펌프)
- 영어 : ハイカラ(하이칼라), メリケン(아메리칸), バケツ(양동이)
- 독일어 : テーゼ(테제), カルテ(카르테), テーマ(테마), ホルモン(호르몬), イデオロギー(이데올로기), ゲレンデ(스키장), ザイル(자일), リュックサック(배낭)
- 프랑스어 : マント(망토), ズボン(바지), オムレツ(오믈렛), アトリエ(아틀리에)
- 이탈리아어 : チェロ(첼로), オペラ(오페라), テンポ(템포), スパゲッティ(스파게티), ピザ(피자)
- 러시아어 : ノルマ(할당량)
- 중국어 : ギョウザ(만두), マージャン(마작)
- 한국어 : キムチ(김치), ビビンバ(비빔밥), コチュジャン(고추장), チング(친구)

현재는 영어로부터의 외래어가 압도적으로 많지만 그 중에는 원래의 의미와는 다른 뜻으로 일본에서 사용하는 외래어도 있다. 이를 일본제영어(和製英

語) 또는 일본식영어라고 한다.「アイドル(아이돌), マイホーム(마이 홈), オートバイ(오토바이), サラリーマン(샐러리맨), ナイター(나이트 게임)」등과 같은 식이다. 이들은 또「テーマソング(테마송), ロールパン(롤빵)」등과 같이 서로 다른 외래어가 조합된 경우도 있다.

외래어는 다른 단어의 한 부분이 되어 혼종어(混種語)를 만들기도 한다. 예를 들면 한자어와 외래어가 합쳐져서「磁気ディスク(자기디스크), ドラフト制度(드래프트제도)」와 같은 단어를 만들어내기도 하고, 고유일본어와 외래어가 합쳐져서「歯ブラシ(칫솔), 革ベルト(가죽벨트)」와 같은 단어를 생성해내기도 한다.

이와는 반대로 일본어가 영어에 외래어로 들어가 있는 경우도 있다. 이와 같이 영어에서도 통하는 영어가 된 일본어와 원래의 영어와는 다른 의미로 일본에서 사용하는 일본식영어에 대해서는 제9장에서 상세하게 다룬다.

3. 한자와 관련한 상식

한자를 뜻으로 읽는 훈독은 일본어의 특징이지만, 실은 한국어에도 훈독이 있었다. 훈민정음의 뜻풀이를 해둔 「훈몽자회(訓蒙字会)」에서 비롯된 한글 자모의 이름에서 그 흔적을 찾아볼 수 있다. 「훈몽자회」는 1527년에 최세진이 지은 어린이용 한자 학습서로 3360자의 한자에 뜻과 음을 달아둔 것이다.

「훈몽자회」는 현대 한글 자모 명칭의 기원이 되는 책이다. 이 책의 서두에 한글 자모의 발음과 용법을 간략하게 소개하였는데 이 중에서 한글 자모의 발음을 설명한 부분이 한글 자모 명칭의 기원이 되는 것이다. 즉, 이들은 본래 자모의 이름이 아니고 발음을 설명하기 위한 예일 뿐이다. 당시에는 한글이 많이 보급되지 않았기 때문에 한자를 이용하여 한글의 음가를 설명한 것이다. 간단히 보자면 다음과 같다.

초성과 종성에 모두 쓸 수 있는 8자는 다음과 같다. 예를 들어 「ㄱ 其役 기역」의 경우, 「ㄱ」의 음가는 초성일 때는 「其(기)」를 발음할 때의 음이고, 종성일 때는 「役(역)」을 발음할 때의 음처럼 소리 내면 된다는 식이다.

◉ ㄱ 其役 기역 ㄴ 尼隱 니은 ㄷ 池末 디귿 ㄹ 梨乙 리을
ㅁ 眉音 미음 ㅂ 非邑 비읍 ㅅ 時衣 시옷 ㅇ 異凝 이응

이 중에서 「디귿(「池末」)의 「末(말)」을 「끝」의 당시 발음인 「귿」이라고 읽고, 「시옷(「時衣」)의 「衣(의)」를 그 뜻인 「옷」으로 읽기 때문에 이 둘은 훈독이다.

한편, 종성에서만 쓸 수 있는 8자 「ㅋ(箕) ㅌ(治) ㅍ(皮) ㅈ(之) ㅊ(歯) △(而) ㅇ(伊) ㅎ(屎)」에 있는 「ㅋ(箕)」도 뜻으로 읽는 훈독의 예이다. 「箕(키기)」는 뜻이 「키」이고 음은 「기」이기 때문이다.

「ㅏ(阿) ㅑ(也) ㅓ(於) ㅕ(余) ㅗ(吾) ㅛ(要) ㅜ(牛) ㅠ(由) ㅡ(応) ㅣ(伊) ·(思)」의 11자는 중성에만 온다.

이상과 같이 27자의 풀이가 되어 있고, 여기에 나와 있지 않은「ㆆ(여린히읗」을 포함하여「ㅿ(반시옷, 반치음, 여린시옷) ㆁ(옛이응, 꼭지이응) ·(아래아)」네 글자는 현대어에서 사라졌다.「이응」은「ㅇ(異凝)」과「ㆁ(伊, 옛이응)」이 통합된 것이다.

여기에서 한자의 상식을 넓혀가기 위해 한자와 관련된 몇 가지를 더 살펴보도록 하자.

◉ 천자문

천자문(千字文)은 520년경 중국의 주흥사가 지은 책이다. 황제의 명에 의해 하룻밤 사이에 한 글자도 겹치지 않고 의미가 통하게 시를 짓고 머리가 하얗게 세었다고 하여 백수문(白首文)이라고도 한다. 4언절구 250수, 1000글자로 되어 있는 이 책은 한자를 배우는 입문서로 많이 활용되었다. 다음과 같이 시작한다.

天地玄黄(하늘 천, 땅 지, 검을 현, 누를 황)
宇宙洪荒(집 우, 집 주, 넓을 홍, 누를 황)
日月盈昃(날 일, 달 월, 찰 영, 기울 측)
辰宿列張(별 진, 별자리 수, 벌일 렬, 펼칠 장)

「辰宿列張(진수열장)」의「宿(수)」는 일반적으로「宿(잘 숙)」으로 알고 있지만,「하늘에는 수많은 별과 별자리가 펼쳐져 있다」라는 뜻으로 봤을 때「별자리 수(宿)」가 맞다.

◉ 십간십이지

십간십이지(十干十二支)라는 것이 있다. 이것은 중국의 음양오행설에 입각하여 성립한 것이다. 음양오행설은 음양설과 오행설이 하나로 모인 설이다.

음양설(陰陽說)은 만물의 근원이 되는 상반된 성질을 가진 두 가지 것을 말하는데, 예를 들면, 음과 양, 해와 달, 남자와 여자, 낮과 밤, 물과 불, 하늘과 땅처럼 서로 상반되면서도 조화를 이루는 것을 말한다.

오행설(五行說)은 천지(天地) 사이에 끊임없이 순환하는 다섯 가지의 기운, 즉 목(木), 화(火), 토(土), 금(金), 수(水)가 온갖 사물을 이루고 또 변화시킨다고 보는 이론이다. 이들은 태양계의 5행성을 나타내기도 한다. 목성(Jupiter), 화성(Mars), 토성(Saturn), 금성(Venus), 수성(Mercury)과 각각 대응한다.

십간은 오행을 각각 음양으로 나누어 배치한 것으로, 주로 사물의 순서를 나타내는데 사용한다.

- 十干(십간) : 甲(갑), 乙(을), 丙(병), 丁(정), 戊(무)
己(기), 庚(경), 辛(신), 壬(임), 癸(계)

십이지는 지구상에서 봤을 때 태양이 지나가는 것으로 보이는 길인 황도(黃道)를 12등분하여 각각에 12종류의 동물의 이름을 부여한 것으로, 주로 시각이나 방위를 나타낼 때 사용한다. 순서대로 홀수는 양(陽)을 나타내고 짝수는 음(陰)을 나타낸다.

- 十二支(십이지): 子(자), 丑(축), 寅(인), 卯(묘), 辰(진), 巳(사)
午(오), 未(미), 申(신), 酉(유), 戌(술), 亥(해)

이와 같은 십간과 십이지를 합친 것이 십간십이지이다. 줄여서 간지(干支)라고 하는데, 간지라고 하면 「갑자(甲子)」「을축(乙丑)」과 같이 주로 십간과 십이지를 하나씩 조합한 것을 가리키며, 한국어에서는 연월일 등을 나타낼 때 일반적으로 사용한다. 사주팔자(四柱八字)라고 하는 것이 있는데, 연월일시에 각각 간지가 부여되어 있기 때문에 한 사람이 태어난 연월일시의 각각에 해당하는 간지와 거기에 쓰인 여덟 개의 글자를 말한다.

일본어에서는 간지(干支)가 주로 띠를 나타낸다. 「도시오토코(年男), 도시온나(年女)」라는 표현이 있는데, 도시오토코는 그 해의 띠에 해당하는 남성을 가리키고 도시온나는 그 해의 띠에 해당하는 여성을 가리킨다. 「히토무카시(一昔)」와 「히토마와리(一回り)」라는 표현도 있다. 히토무카시는 10년 전을 가리키고 히토마와리는 12지가 한 바퀴 돌았다는 뜻으로 12년을 가리킨다.

◉ 연령을 나타내는 말

한자를 사용하여 연령을 나타내는 고상한 표현들이 있다. 알아두면 교양도가 높아질 것이다.

- 華甲 : 화갑. 61세. 만 나이가 아닌 세는 나이로 61세를 나타내는데, 회갑(回甲)이나 환갑(還甲)을 나타내는 가장 품위 있는 표현이다. 「華」자를 분해하면 61이 되는 데서 비롯되었다.
- 古稀 : 고희. 70세. 두보의 시 「人生七十古来稀 (인생 70살 예부터 드문 일이다)」라는 시구에서 따온 것이다.
- 喜寿 : 희수. 77세. 「喜」자의 초서체를 「七十七」로 읽을 수 있는 데서 비롯되었다.
- 傘寿 : 산수. 80세. 「傘」의 약자를 八十으로 읽을 수 있다.
- 米寿 : 미수. 88세. 「米」자를 분해하면 八十八이 된다.
- 卒寿 : 졸수. 90세. 「卒」의 이체자를 九十으로 읽을 수 있는 데서 비롯되었다.

- 白寿 : 백수. 99세.「百」에서「一」을 빼면 99가 되기 때문이다.
- 百寿 : 백수. 100세. 일반적으로 한국어로「백수」라고 하면「99세」를 의미한다.
- 茶寿 : 차수. 108세.「茶」자를 분해하면 108이 된다.「米寿」가 88이고 그 위에 20이 있으므로 합하면 108이다.
- 皇寿 : 황수. 111세.「皇」자의「白」은 99세를 나타내고,「王」을「一, 十, 一」로 분해하면 12가 되므로 합하면 111이 된다.

◉ 공자의 표현

연령을 나타내는 아래의 표현들은 논어에 있는 말인데, 공자가 만년에 자신의 생애를 뒤돌아보면서 했던 말에서 비롯되었다.

- 志学 : 지학. 15세. 공자가 학문에 뜻을 두었다고 하는 연령이다.
- 而立 : 이립. 30세. 30세에 학문의 기초가 정립되어 자립하였다.
- 不惑 : 불혹. 40세. 40세가 되어 자기 학문에 대한 확고한 신념이 정립되어 마음의 흔들림이 없어졌다.
- 知命 : 지명. 50세. 50세가 되어 하늘에서 부여된 사명을 알았다.
- 耳順 : 이순. 60세. 60세가 되어 다른 사람의 말을 순수하게 받아들일 수가 있게 되었다.
- 従心 : 종심. 70세. 70세가 되어 마음이 가는대로 행동하여도 사람의 길을 벗어나는 일이 없게 되었다.

이 밖에 약관(弱冠), 묘령(妙齢) 등이 많이 쓰인다. 약관은 남자 나이 20세를 일컫는 말인데, 예기(礼記)에 나오는 말이다. 묘령은 스무 살 안팎의 여자 나이를 이른다.

제3장

일본의 역사

1. 선사시대와 역사시대
2. 일본의 역사와 동아시아와의 관계 1
3. 일본의 역사와 동아시아와의 관계 2

상식 더하기

형설지공【蛍雪之功】

형설지공(蛍雪之功)은 가난한 살림에도 굴하지 않고 반딧불과 눈빛에 비추어 책을 읽어가며 성공을 이룬다는 뜻입니다. 중국의 진나라 때에 집안이 가난하여 등불을 켜는 데 사용하는 기름을 살 여력도 없었던 한 소년은 반디를 수십 마리 엷은 주머니에 담아 그 불빛으로 책을 읽어 성공하였고, 같은 시대의 또 다른 소년은 겨울에 쌓인 눈에 반사되는 달빛에 의지하여 책을 읽으며 공부하여 성공하였다는 일화에서 유래된 명언입니다.

절차탁마【切磋琢磨】

절차탁마(切磋琢磨)란 돌을 잘라서 쪼고 쓸고 또 갈고 다듬어서 옥돌과 같이 빛을 내게 한다는 뜻으로 학문이나 인격을 갈고 닦는 것을 말합니다. 시경(詩経)에 나오는 글귀입니다.

1. 선사시대와 역사시대

1.1 기년법

일본의 역사를 알아보기 전에 기년법(紀年法)에 대해 이해를 해 둘 필요가 있다. 기년법(calendar system)이란 년(年)을 세거나 기록하는 방법을 말한다. 현재 널리 사용되고 있는 것은 서양식 기년법인 서력이다. 서기 2023년과 같이 표기한다. 그런데 이 서력은 특정한 지역과 집단에서 비롯된 것이다.

이에 대한 비판에서 역사학계를 중심으로 근래에 새롭게 보급하고자 하고 있는 개념이 「공통시대(Common Era, CE)」라는 개념이다. 연도는 이미 세계화되었으니 용어만 바꾸자는 것이다. 그래서 「BCE(Before the Common Era) : 공통시대 이전(기원전, 기년전)」과 「CE(Common Era) : 공통시대(기원후, 기년후)」로 나눈다.

그래서 2023년은 CE 2023년이다. 약간 생소하지만 설득력 있는 제안이라고 생각한다. 영어사전에도 BCE와 CE가 실려 있다. 다음은 검색프로그램 나무위키에서 캡처한 사용례이다.

제1차 왕자의 난 第一次 王子之亂 무인정사(戊寅定社)		
시기	CE 1398년 8월 26일 ~ 8월 27일 (음력)	
장소	조선 한성부 경복궁 및 인근	
원인	정도전 등 급진파 사대부의 이방원 견제 사병 혁파 및 제3차 요동정벌 추진	
교전 세력	조선왕실 (진입군) 패	이방원 세력 (반란군) 승

일본의 경우에는「황기(皇紀)」라는 개념이 있다. 이는 기원전 660년에 일본의 초대 천황인 진무천황이 즉위했다고 하는 신화를 근거로 계산하는 기년법이다. 2023년은 황기 2683년(2023년+660년)이다. 보통 일본의 역사가 2600년 정도 된다고 할 때의 근거가 이것이다. 일본의 국경일인「건국기념의 날」(2월11일)도 진무천황이 즉위하였다는 날짜를 기준으로 한다. 단, 황기는 일반인들은 잘 사용하지 않는다. 이것보다는 연호를 사용하는데 2023년은「레이와(令和)」라는 연호의 5년, 즉 레이와5년이다. 물론 서력도 사용한다. 참고로 중국에도 황기가 있다.

한국에는「단기(檀紀)」라는 개념이 있다. 이는 기원전 2333년에 단군이 국가를 세웠다고 하는 신화를 근거로 계산하는 기년법이다. 2023년은 단기 4356년(2023년+2333년)이다. 한국의 역사를 반만년 역사라고 할 때의 기점이 이것이다. 단, 일본의 황기와 마찬가지로 한국인들도 단기는 일반적으로 사용하지 않는다. 서력을 사용한다.

앞으로 연도는 기원전, 기원후로 표기함을 원칙으로 한다. 단, 기원후는 일반적으로 숫자만 표시한다. 이하의 각 시대나 왕조의 연대는 문헌에 따라 차이가 있으므로 개략적으로 이해하도록 한다.

1.2 선사시대(先史時代)와 역사시대(歷史時代)

인류의 역사는 선사시대와 역사시대로 구분할 수 있다. 그 기준점은 문자의 기록이다. 문자 기록 이전을 선사시대(先史時代)라고 하며, 문자로서 기록이 남아 있는 시대를 역사시대(歷史時代)라고 한다.

선사시대(prehistoric age)는 주로 석기시대에 해당한다. 구석기시대와 중석기시대 및 신석기시대가 포함된다. 신석기시대 후반부에서 문자가 출현하기 때문에 이때부터는 역사시대에 들어가는데 이 시기가 청동기시대와 겹치는 부분이 있어 청동기시대부터 역사시대로 보는 시각도 있다.

문자의 기원에 관해서도 여러 설이 있으나 일반적으로는 기원전 3000년경의 메소포타미아문명을 그 발상으로 본다. 메소포타미아 문명권에서 사용된 설형문자(楔形文字)라고도 하는 쐐기문자를 최초의 문자로 보는데, 이는 약 3000년간 사용되었다고 한다. 유명한 함무라비 법전이 쐐기문자로 기록되어 있다.

「역사」라는 용어는 일본의 메이지시대에 history를 번역한 말이다. 영어의 history는 그리스어 히스토리아에서 비롯되었다. 일본에서는 원시시대(原始時代)라는 용어를 사용하는 경우가 있다. 이는 선사시대부터 일본의 시대구분에 의한 고분시대까지를 일컫는다.

1) 구석기시대 : 인류가 일본열도에 거주하기 시작한 것으로 추정되는 기원전 10만년에서 기원전 15000년까지를 말한다. 이때는 일본열도가 아시아대륙과 연결되어 있었다. 타제석기(뗀석기)를 사용하였고, 수렵생활을 하였다.
2) 중석기시대 : 기원전 15000년에서 기원전 8천년까지를 중석기시대로 본다. 빙하기가 끝나고 해수면이 상승하여 일본이 아시아대륙에서 분리된다. 중석기시대를 구분하지 않을 경우에는 기원전 1만년을 기준으로 구석기시대와 신석기시대로 구분하기도 한다.
3) 신석기시대 : 기원전 8000년에서 기원전 1천년까지를 가리킨다. 마제석기(간석기)를 사용하였다.

1.3 4대문명

역사의 기원을 말할 때, 우리는 보통 4대문명을 거론한다. 세계의 4대문명은 메소포타미아문명, 이집트문명, 인더스문명, 황하문명을 가리키는데 황하문명은 중국문명이라고도 한다. 이중에서도 문명의 기원을 메소포타미아문명으로 보는 것이 일반적이다. 단, 4대문명이라는 것이 세계의 공통된 개념이라기보다 동양적인 개념으로 보는 것이 더 타당하다. 서양에서는 명확히 4대문명을 가려서 표현하지는 않기 때문이다.

1) 메소포타미아문명 : 기원전 3500년 무렵부터 시작된 티그리스강과 유프라테스강 사이에서 발생한 최초의 문명이다. 메소포타미아는 강과 강 사이라는 뜻인데, 위의 두 강을 가리킨다. 현재의 이라크 바그다드 부근이다. 태음력이 사용되었다. 중국에서 비롯되었다고 많은 사람들이 알고 있는 오방사상은 실은 메소포타미아에서 비롯되어 동양으로 전파되었다고 보는 것이 적절하다. 기원전 3000년경에 만들어진 쐐기문자가 유명하다.
2) 이집트문명 : 기원전 3000년경에 나일강 유역에서 발생한 두 번째 문명이다. 나일강의 범람으로 인해 많은 측량술이 발전하였고, 결과적으로 기하학의 발달을 가져왔다. 지구가 태양을 한 번 공전하는 데 365일 걸린다는 것을 알아내어 태양력이 발달하였다. 우리가 지금 사용하고 있는 숫자의 10진법도 여기에서 비롯된다. 메소포타미아의 쐐기문자와 더불어 상형문자를 발달시켜 이후의 문자발전에 지대한 영향을 끼쳤다.
3) 인더스문명 : 기원전 2500년경에 인더스강 유역에서 발생한 세 번째의 문명으로 인도문명이라고도 한다. 고유의 인더스문자를 사용하였으나 해독이 불가능하다. 나중에 진출한 아리아인들이 원래 살던 선주민을 지배하기 위해 카스트제도를 만든다. 카스트제도는 현재 법적으로 폐지되었다.
4) 황하문명 : 마지막 네 번째는 중국문명이라고도 불리는 황하문명이다. 인더스문명보다는 나중이지만 시기적으로 그다지 차이가 없어 대략 기원전 2500년경을 기점으로 보고 있다. 이 시기에 전설상으로 중국의 최초 국가라고 하는 하(夏)나라가 등장한다. 실질적인 중국 최초의 왕조는 기원전 1600년경부터 시작된 상(商)나라이다. 갑골문자를 사용하였으며 이것이 오늘날 사용하고 있는 한자의 기원이 된다. 태음력을 사용하였으나 나중에 태양력의 요소를 가미한 태양태음력으로 발전한다.

2. 일본의 역사와 동아시아와의 관계 1

2.1 조몬시대(縄文時代)

: 기원전 1만년~기원전 300년

여기에서는 일본의 역사를 살펴보고자 하므로 일본의 역사를 중심으로 하여 동시대의 시대상황을 이해하기 편하도록 한국과 중국의 역사를 간략하게 대조하도록 한다.

일본의 역사에 대해 말할 때는 일본에 사람이 살기 시작한 구석기시대에 시작하지만 구체적으로는 조몬시대부터 시작하는 것이 일반적이다. 조몬시대는 구석기시대의 뒤를 잇는 중석기시대와 신석기시대에 해당하는 시대이다.

고대의 시대구분을 석기(石器)를 중심으로 말하지만 조몬시대는 토기(土器)의 사용이 더욱 중요하다. 토기를 사용하였다는 것은 정착생활이 시작되었다는 것을 뜻하기 때문이다. 따라서 이 시기는 토기시대라고 할 수 있다. 토기시대, 신석기시대 약 9천 년간의 역사에 해당한다.

조몬시대의 조몬(縄文)은 새끼줄 무늬를 뜻하는 일본어이다. 한국어음으로 읽으면 승문이 된다. 이 시기에 새끼줄 무늬가 새겨진 토기가 발견되어 붙여진 이름이다.

이 시기에는 움집을 짓고 공동생활을 하였다는 것을 알 수 있다. 주거지 주위에 패총(貝塚)이 남아 있는 것도 정착생활을 하였다는 근거가 된다. 패총에서는 석기도 출토되는데 구석기시대에 주로 사용하던 타제석기(뗀석기)에서 발전하여 마제석기(간석기)를 사용하였음을 알 수 있다.

이 시기의 한국도 대부분 중석기시대와 신석기시대에 해당하며, 후반부에 고조선이 등장한다. 고조선은 삼국유사에 쓰인 단군신화를 바탕으로 기원전

2333년에 건국한 것으로 알려져 있지만, 이것은 어디까지나 신화로 쓰인 기록일 뿐이다.

중국은 기원전 2500년경에 황하문명이 발생한다. 그 후, 기원전 2205년에 하(夏)라는 국가가 탄생하여 기원전 1766년까지 존재하였다는 기록이 있어 이를 중국 최초의 국가라고 하는 경우도 있으나 이것은 어디까지나 문헌상의 기록일 뿐, 근거는 제시하지 못하고 있다.

사실적으로 중국 국가의 역사는 기원전 1600년의 상(商)나라부터 시작한다. 은(殷)나라라고도 하는데 은은 상나라의 도읍지 명칭이다. 이로부터 주(周)나라를 거쳐 춘추시대와 전국시대가 이어진다. 춘추시대와 전국시대를 합쳐서 춘추전국시대(기원전 770년~기원전 221년)라고 하는 경우도 있다.

일본	한국	중국
기원전 1만년-기원전 300년 조몬시대	신화상 기원전 2333년 고조선	기원전 2500년 황하문명 기원전 2205년-전 1766년 하(문헌상 최초의 국가) 기원전 1600년 상(은) 기원전 1050년 주 기원전 770년-전 476년 춘추시대 기원전 551년 공자 탄생 기원전 475년-전 221년 전국시대

2.2 야요이시대(弥生時代)

: 기원전〈BCE〉 300년~기원후〈CE〉 300년

도쿄의 야요이초(弥生町)에서 발견된 야요이식 토기에서 명명되었다. 금속기시대(청동기시대 〈기원전 300년〉, 철기시대 〈기원후 300년〉) 약 600년간을 말한다.

주로 채집생활을 하였던 조몬시대에 이어 야요이시대에는 농경이 발달한 농경시대에 접어든다. 농경의 발달과 더불어 정착생활이 일반화된다.

이때에 국가가 탄생한다. 「삼국지」 안에 있는 「위지왜인전(魏志倭人伝)」에 일본에 있는 30여 개의 소국 중 야마타이국(邪馬台国, 2C후반~3C전반)이 가장 강한 나라로 기록되었는데, 189년에 야마타이국(邪馬台国)의 히미코(卑弥呼) 여왕이 등장하였음을 알려주고 있다. 여기에서 말하는 「삼국지」는 3세기에 진수가 지은 역사서이며, 우리가 흔히 알고 있는 삼국지는 명나라 때 나관중이 지은 「삼국지연의」를 가리킨다.

중국의 「후한서(432년)」에서도 일본을 가리켜 「왜(倭)」라 칭하게 된다. 후한의 역사를 기록한 후한서는 432년에 작성되었지만 실질적인 후한의 역사는 기원후 25년에서 250년까지이다. 「왜」라는 명칭이 처음으로 등장한 것은 1세기 후반의 「전한서」라는 설도 있다.

일본의 야요이시대에 걸치는 한국의 역사를 보면, 기원전 108년에 고조선이 멸망한다. 기원전 2세기에 부여가 등장하였다가 기원후 494년에 사라지고, 고구려, 백제, 신라의 삼국시대가 전개된다.

이 시기의 중국은 기원전 221년에 진(秦)나라의 시황제가 전국시대를 마감하며 중국 최초의 통일국가를 형성한다. 그러나 진시황제는 아방궁이나 만리장성 축조와 같은 문제로 오래 지탱하지 못하고 20년도 되지 않아 끝난다.

기원전 202년에는 한나라가 세워진다. 초나라의 항우와 한나라의 유방이 결전을 벌인 초한쟁패에서 최종적으로 승리한 유방이 한나라를 건설하며 초대 황제가 되어 오늘날의 중국이라는 나라의 근간을 만든다. 기원후 220년에는 삼국시대가 펼쳐지며 위진남북조시대로 이어진다. 위진남북조시대 중간에 중국에서 최초의 이민족 지배기로 알려진 5호16국시대(304년~439년)가 있다.

일본	한국	중국
기원전 300년 -기원후 300년 야요이시대	고조선(-전108년) 부여(전2C-후 494) 기원전 37년-후 668년 고구려 기원전 18년-후 660년 백제 기원전 57년-후 935년 신라	기원전 221년 진(시황제) 아방궁, 만리장성 기원전 202년 한(유방) (고조선 멸망, 전108년) 기원후 220년 삼국시대 조조 : 위(220-265) 유비 : 촉(221-263) 손권 : 오(229-280) 위진남북조시대 : 220-598

2.3 고분시대(古墳時代)

: 300년～710년

일본의 시대구분은 관점에 따라 여러 용어가 난무하여 혼란스러울 때가 있다. 앞서 본 야요이시대의 중기부터 지금부터 살펴볼 고분시대까지를 원사시대(原史時代)라고 부르는 경우도 있다. 고분시대의 전반부인 야마토시대까지를 고분시대로 보는 견해도 있고, 고분시대의 후반부인 아스카시대부터 고대시대로 보는 견해도 있다. 이와 같은 견해 차이는 참고만 하면 된다. 고분시대는 정치적 통일시대라고 할 수 있다.

먼저 야마토시대(大和時代, 300년-593년)가 전개된다. 야마토 조정이 일본 국내를 통일하게 된 것이다. 백제로부터 건너간 도래인(渡来人)이 일본에서 활약하는 시대이기도 하다. 한자가 전래되고 불교문화가 전수되게 된다.

그 후로 아스카시대(飛鳥時代, 593년-710년)가 이어진다. 593년에 쇼토쿠태자(聖徳太子)가 섭정을 하면서 많은 업적을 남긴다. 쇼토쿠태자는 일본인이 좋아하는 역사상의 베스트 인물에 꼭 들어가는 사람으로 607년에 견수사를 파견하여 중국의 문물을 직접 배워오게 하였으며 한반도의 문화와 제도를 도입하기도 하였다. 17조헌법을 제정한 것으로 유명하다. 견수사의 파견은 이후의

630년 견당사 파견까지 이어진다.

이 시기의 한국의 역사를 보면 야마토시대에는 삼국이 아직 건재하다. 그러나 아스카시대가 되면 삼국이 멸망하고, 후기신라와 발해로 이어지는 남북국시대(698년-926년)가 펼쳐진다. 남북국시대는 후기신라를 남국, 발해를 북국으로 보고 발해를 한국사에 포함시키고자 하는 용어이다.

중국은 수나라(581년-618년)가 등장하지만 40년을 가지 못하고 멸망한다. 이어서 당나라(618년-907년)가 등장하여 300년 가까이 지속된다. 장안(지금의 시안)을 수도로 삼았다.

일본	한국	중국
300년-593년 야마토시대	고구려, 백제, 신라	581년-618년 수
593년-710년 아스카시대	고구려(-668) 백제(-660) 후기신라(676-935) 발해(698-926)	618년-907년 당

2.4 나라시대(奈良時代)

: 710년～794년

아스카시대와 나라시대, 이후에 이어지는 헤이안시대를 합쳐서 고대시대라고도 한다. 이와 같이 일본의 역사에서 「고대시대」에 대한 개념이 여러 가지가 있으므로 개략적으로 이해하면 된다.

나라시대는 지금의 나라(奈良) 지역에 헤이조쿄(平城京)를 마련하면서 시작된다. 100년이 채 되지는 않지만 일본 역사에서 확고한 국가체제를 갖추기 시작한 시기로 볼 수 있다. 이 시기에는 역사서인 고지키(古事記, 712년)와 니혼쇼키(日本書紀, 720년)가 편찬된다. 일본에 현존하는 가장 오래된 시가집인 만요슈(万葉集, 754년)도 이때에 만들어진다.

이 시기의 한국은 신라와 발해가 양립하는 남북국시대가 이어지고 중국은 당나라가 계속된다.

일본	한국	중국
710년-794년 나라시대	신라, 발해	당

2.5 헤이안시대(平安時代)
: 794년~1185년

헤이안시대의 기점은 794년이나 종점은 1192년으로 기록되다가 최근에 1185년으로 수정되었다. 헤이안시대를 고대시대에서 중세시대로 가는 과도기라는 인식에서 「중고시대(中古時代)」로 보는 경우도 있다.

지금의 교토(京都)에 헤이안쿄(平安京)를 건설하여 도읍지로 정하면서 약 400년 가까이 지속된 시대이다.

이 시기에는 일본의 문자인 가나가 탄생한다. 가나는 히라가나와 가타카나라는 두 가지 종류로 발전한다. 세계 최초의 장편연애소설로 알려진 겐지모노가타리(源氏物語, 1016년)도 이때에 집필된다.

이 시기의 한국은 발해와 신라가 각각 멸망하고, 고려가 등장한다. 고려시대에는 삼국사기(1145년)가 편찬된다.

중국의 경우는 당나라가 멸망하고 송나라가 뒤를 잇게 된다.

일본	한국	중국
794년-1185년 헤이안시대	발해(-926) 신라(-935) 고려(918-1392) 1145년 삼국사기	당(-907) 송(960-1276)

3. 일본의 역사와 동아시아와의 관계 2

3.1 중세시대(中世時代)
: 1185년~1603년

일본의 중세시대는 주로 가마쿠라막부시대와 무로마치막부시대를 합쳐서 말한다. 여기에 전국시대도 포함되는데, 전국시대는 대부분 무로마치막부의 후반부와 겹친다. 막부정치는 일본의 독특한 정치 형태이다. 형식적이긴 하지만 천황제는 그대로 존속시키고 실권을 가진 쇼군이 실질적인 통치를 하는 이원적인 형태이다.

1) 가마쿠라막부(鎌倉幕府)
: 1185년~1333년

본격적인 무사정권에 의한 통치가 시작되는 시대이다. 초대 쇼군인 미나모토노 요리토모(源頼朝)가 가마쿠라에 막부를 설치하였기 때문에 가마쿠라막부라고 한다. 미나모토노 요리토모가 실권을 장악한 시기를 1185년으로 보기 때문에 최근에는 시작점을 1185년으로 설정하는데, 전통적으로는 정이대장군(征夷大将軍)으로 임명된 1192년을 가마쿠라막부의 시작점으로 보아 왔다.

이 시기에는 두 번의 몽고 침입이 있었다. 첫 번째는 1274년이었고, 두

번째는 1281년이었다. 그러나 예상치 않은 태풍에 의해 침입은 성공하지 못한다. 일본 측에서는 이 바람이 일본을 지켜주었다고 하여 가미카제(神風)라고 한다.

사진은 가마쿠라대불(鎌倉大仏)이라고 하는 가마쿠라에 있는 대불상으로 국보로 지정되어 있다. 가마쿠라막부를 상징한다고 할 수 있다.

2) 무로마치막부(室町幕府)

: 1336년～1573년

무로마치막부는 1336년에 아시카가 다카우지(足利尊氏)가 실권을 잡고 교토의 무로마치에 막부를 설치하면서 시작된다. 초기에는 권력 다툼에 의해 두 천황이 존재하는 남북조시대(南北朝時代, 1336년-1392년)가 이어지다가 나중에 병합된다. 아시카가 다카우지(足利尊氏)가 초대 쇼군에 임명된 것은 1338년이기 때문에 이때부터 가마쿠라막부가 시작되었다고 보는 견해도 있다.

금각사(金閣寺)

무로마치막부의 상징적인 건축물로 금각사(金閣寺)를 들 수 있다. 금각사는 무로마치막부의 3대 쇼군이었던 아시카가 요시미츠(足利義満)의 산장을 개조한 것이다. 1397년에 창건된 것으로 세계문화유산에 등재되어 있다. 정식이름은 로쿠온지(鹿苑寺)이다.

3) 전국시대(戦国時代)

: 1493년～1603년

무로마치막부의 후반부에는 극심한 사회혼란이 발생하며 전국시대에 진입한다. 이 전국시대부터 근세로 보는 견해도 있다. 100여년에 걸친 전국시대의 마지막에 일본이 자랑하는 세 영걸이 나타난다.

먼저, 오다 노부나가(織田信長)가 등장한다. 1576년 시가현에 아즈치성(安土城)을 쌓고 일본 전국을 거의 통일하면서 전성기를 구가하지만 자신의 심복인 아케치 미쓰히데(明智光秀)에 의해 교토의 혼노지에서 몰락한다.

이어서, 오다 노부나가의 또 다른 심복이었던 도요토미 히데요시(豊臣秀吉)가 주군의 원수를 갚고자 이케치 미쓰히데를 멸하고 천하를 통일한다. 1583년에 오사카성(大坂城)을 축조하고, 1592년에 모모야마성(桃山城)이라는 별칭으로 더 알려진 후시미성(伏見城)을 축조한다.

이 시기에는 명나라를 정복한다는 미명아래 1592년 임진왜란인 분로쿠의 역(文禄の役)를 일으킨다. 1597년에 정유재란으로 알려진 게이초의 역(慶長の役)를 일으켜 스스로 몰락한다.

오다 노부나가와 도요토미 히데요시의 통치 기간을 합쳐 아즈치모모야마시대(1573년～1598년)라고 한다.

마지막으로 전국시대를 완전히 끝내고 실질적인 전국 통일을 완수한 도쿠가와 이에야스(徳川家康)가 등장한다. 도요토미 히데요시의 몰락 후, 도요토미에 비협조적이었던 도쿠가와를 치고자 했던 이시다 미쓰나리(石田三成)와 이를 제거하고자 한 도쿠가와 이에야스가 1600년 세키가하라에서 천하를 나누는 전투를 벌인다. 일본 역사상 최대의 내전인 이것을 세키가하라 합전(関が原の戦)이라고 하는데 여기에서 승리한 도쿠가와가 최종 승자가 되며 전국시대를 마감하고 새로운 막부를 열게 된다.

일본의 중세시대에 해당하는 시기의 한국은 1392년까지 고려가 지속되다가 조선으로 넘어가게 된다. 고려시대인 1281년에 삼국유사가 쓰인다. 무로마치막부시대는 조선의 전기에 해당한다.

중국은 여러 나라가 등장했다가 사라진다. 송나라가 13세기까지 이어지다가 원나라로 바뀌게 되고 다시 명나라가 되었다가 근세시대가 되면서 청나라로 이어진다. 북쪽에서는 요나라와 금나라도 흥망성쇠의 길을 걷게 된다.

일본	한국	중국
1185년-1333년 가마쿠라막부 1336년-1573년 무로마치막부 1493년-1603년 전국시대	고려(-1392) 1281년 삼국유사 조선(1392-1910)	송(960-1276) 요(916-1125, 거란족) 금(1115-1234, 여진족) 원(1271-1368, 몽골족) 명(1368-1644)

3.2 근세시대(近世時代)
: 1603년~1868년

세키가하라 전쟁에서 최종 승리하고 전국시대를 마감한 도쿠가와 이에야스(徳川家康)는 1603년에 정이대장군(征夷大将軍)이 되면서 지금의 도쿄인 에도(江戸)에 막부를 설치한다. 그래서 근세시대를 에도막부시대라고도 한다.

도요토미가 조선을 침략할 때 협력하지 않았던 도쿠가와는 급격히 냉각된 조선과의 관계를 회복하고자 한다. 그 상징적인 것이 1607년에 시작된 조선통신사(朝鮮通信使)의 파견이다. 1811년까지 12번에 걸쳐 조선으로부터 대규모 사절단이 일본에 파견되며 한일관계를 복원시킨다.

다음의 사진은 조선통신사가 이동한 경로이다. 한성(서울)에서 에도(도쿄)까지 육로와 해로를 적절히 이용하면서 이동했음을 알 수 있다.

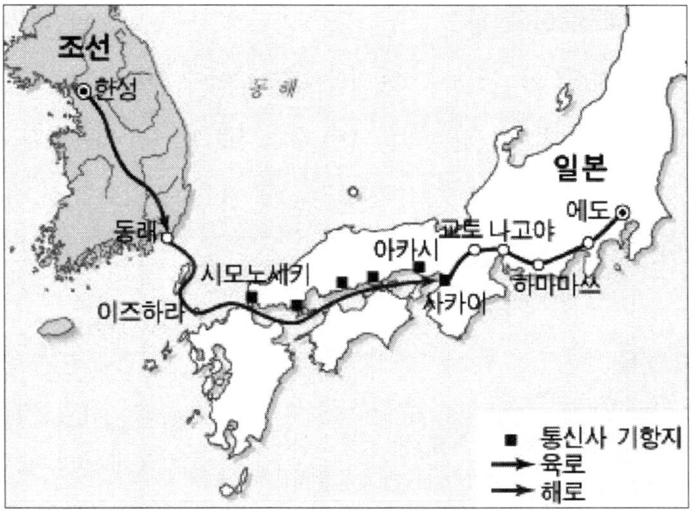

새로운 막부를 개설하기는 하였지만, 도요토미 가문에 의한 후환을 없애기 위해 1615년 오사카노진(大阪の陣)이라는 전투를 통해 도요토미의 후예를 없앤다.

그리고 250여년의 평화로운 시대가 지속되다가 에도시대 말엽에 변화가 찾아온다. 1853년 미국의 해군제독 페리가 에도만(江戸湾) 우라가(浦賀)에 내항하여 개국을 요청한다. 일본이 말을 들어주지 않자 일단 물러났다가 1854년에 페리가 재차 내항하여 강압에 의한 일미화친조약(日米和親条約)을 체결한다. 이리하여 1854년에 쇄국정책을 마감하게 된다.

이 시기의 한국은 1627년에 정묘호란(丁卯胡乱), 1636년에 병자호란(丙子胡乱)이 발생한다. 쇠락해가던 명나라와 새롭게 떠오르는 청나라 사이에서 균형 있는 외교를 펼치며 국민과 국익을 최대한 지키려 했던 광해군이 친명 사대주의자들에 의해 인조반정으로 축출 당한다. 명나라 일변도의 외교는 청나라의 반발을 샀고 그 결과가 인조5년의 정묘호란과 인조14년의 병자호란으로 이어진 것이다.

중국은 명나라가 쇠하고 청나라가 등장한다. 청나라는 여진족이 세운 금나라를 계승하여 후금으로 시작하였다가 청나라가 된다. 청나라는 만주족이 세운 나라인데, 만주족은 본래 여진족으로 불리었기 때문에 이들은 같은 계통으로 볼 수 있다. 그래서 1616년의 후금부터를 청나라로 보는 것이 일반적이다. 청나라라는 국호가 정식으로 사용된 것은 1636년부터이다. 거의 300년에 이르는 청나라의 기간 중에 전반기는 융성하였으나 후반기로 가면서 쇠락하기 시작한다. 1840년의 아편전쟁에서 패한 후, 1911년 손문(쑨원)을 중심으로 한 신해혁명으로 인해 1912년에 끝이 난다.

일본	한국	중국
1603년-1868년 근세시대	조선(1392-1910) 1627년 정묘호란 1636년 병자호란	명(1368-1644) 청(1616-1912, 만주족)

3.3 근대(近代)

일본의 역사에서 근대와 현대를 구분하는 시점은 명확하지 않다. 그래서 근현대(近現代)라고 묶어서 말하기도 한다. 여기에서는 편의적으로 메이지시대와 다이쇼시대를 합쳐서 근대로 보고 설명한다.

1) 메이지시대(明治時代, 1868년-1912년)

1868년에 메이지유신을 성공시킨 유신파는 1869년에 도쿄로 천도를 한다. 메이지유신을 성공시킨 사람으로는 사카모토 료마(坂本竜馬), 사이고 다카모리(西郷隆盛) 등이 유명하다. 후쿠자와 유키치(福沢諭吉)는 일본인의 사상을 다지는데 지대한 영향을 끼친 인물로 현재의 1만엔권 지폐에 그려져 있다.

1872년에 태양력을 채택하고 학제를 제정하는 등 철저하게 서양화의 길을 걷게 된다. 1894년의 청일전쟁에서 승리하며 그 결과로 시모노세키조약에 의거하여 대만을 식민지화한다. 1904년의 러일전쟁에서도 승리를 거둔다.

1868년 4월 6일 메이지유신

1869년 도쿄(東京) 천도

1872년 태양력 채용, 학제 제정

1882년 일본은행(日本銀行)을 설립하여 근대화 추진 가속화

1889년「대일본제국헌법」공포

1894년-1895년 청일전쟁

1895년 시모노세키조약, 대만 식민지화

1904년-1905년 러일전쟁

2) 다이쇼시대(大正時代, 1912년-1926년)

다이쇼시대에 접어들어 1914년에 도쿄역을 준공한다. 같은 해에 제1차 세계대전에 참전하게 된다. 다이쇼시대는 다이쇼 데모크라시로 유명하다. 25세 이상의 남자에 한해 보통 선거를 할 수 있는 참정권을 인정한 것이다. 지금으로 보면 유명할 것도 없지만 당시로서는 대단한 사회변혁이었던 것으로 보인다.

1914년 도쿄역 준공

현재의 도쿄역

1914년 제1차 세계대전 참전

1925년 25세 이상의 남자에 한해 보통 선거법 실시-다이쇼 데모크라시

3.4 현대(現代)

현대는 일반적으로 1945년의 종전 이후로 보지만 쇼와시대가 걸쳐 있기 때문에 쇼와시대부터 현대로 간주하기로 한다.

1) 쇼와시대(昭和時代, 1926년-1989년)

쇼와시대에 접어들면서 1927년 도쿄에 지하철이 개통된다. 참고로 서울의 지하철1호선이 개통된 것은 1974년의 일이다. 1941년에 시작된 태평양전쟁은 1945년의 포츠담선언으로 인해 종전을 맞이하게 된다.

종전 후 7년간 일본으로서는 역사상 유일무이하게 외부인에 의한 통치를 받게 된다. GHQ(General Headquarters)에 의한 통치는 전후 일본의 기반을 갖추고 샌프란시스코강화조약에 의거하여 1952년에 마감된다.

1964년에 도쿄올림픽을 개최하면서 전후 복구가 끝났음을 만방에 알린다. 1964년의 도쿄올림픽에서 최초의 위성생중계방송이 시작되고 픽토그램도 도입된다. 또한 같은 해에 세계 최초의 고속열차인 신칸센이 개통된다.

1927년 도쿄의 우에노(上野)-아사쿠사(浅草) 사이 지하철 개통

1937년 중일전쟁

1941년 태평양전쟁

1945년 포츠담선언, 종전

1945년-1952년 연합군 총사령부(GHQ) 통치

픽토그램

1946년 천황의 인간선언

일본국헌법 공포

1950년 한국동란

1952년 샌프란시스코강화조약

1964년 도쿄(東京)올림픽 개최

위성중계방송 시작, 픽토그램 시작

도카이도(東海道) 신칸센 개통

1972년 중일국교정상화

삿포로(札幌)올림픽 개최

2) 헤이세이시대(平成時代, 1989년-2019년)

1989년에는 헤이세이시대가 이어진다. 이 해에 소비세가 도입되고 국제적으로도 여러 변화가 일어난다. 베를린장벽이 무너지면서 1990년 독일이 재통일한다. 1991년에는 걸프전이 발발하면서 1992년부터 일본이 지원한 PKO의 활동이 결과적으로 PKF의 일환이 아니냐는 등 해석이 분분하며 첨예하게 대립하였다. PKO(United Nations Peacekeeping Operations)는 국제연합평화유지활동을 말하고, PKF(United Nations Peacekeeping Force)는 국제연합평화유지군을 말한다.

1999년에는 논란이 많았던 국기국가법이 제정이 되었고, 내각의 행정 편제에 변화가 일어난다. 2017년에 나고야시에 레고랜드저팬이 오픈한다. 한국의 레고랜드는 10여년의 소모전 끝에 2022년5월5일 강원도 춘천시에 정식 개장하였다.

1989년 1월 8일 헤이세이 시작

1989년 4월 소비세(3%) 시작

1989년 11월 베를린장벽 붕괴

1990년 10월 독일 재통일

1991년 걸프전(PKO, PKF 논쟁)

1991년 한국, 북한 국제연합 가맹

1991년 소련 붕괴

1992년 한중국교정상화

1998년 나가노올림픽 개최

1999년 국기국가법 제정

2001년 중앙성청 재편

2012년 도쿄스카이트리 오픈

2013년 후지산 세계문화유산에 등록

2017년 나고야시에 레고랜드저팬 오픈

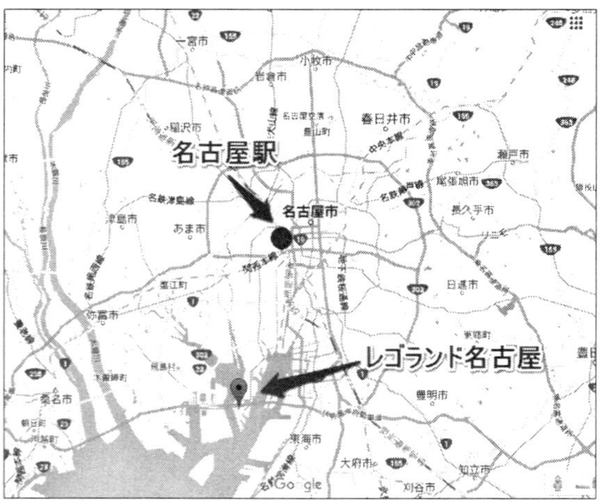

3) 레이와시대(**令和時代**)

현재는 레이와시대(令和時代)이다. 2019년5월1일0시부터 시작되어 2023년은 레이와5년이다. 「레이와」라는 명칭은 일본에 현존하는 가장 오래된 시가집인

「만요슈」에서 인용되었다. 2020년에 개최예정이었던 도쿄올림픽은 1년 연기되어 2021년에 개최되었다.

3.5 역사상의 인물 베스트10

이상으로 일본의 역사에 대해 간략하게 살펴보았다. 이 긴 역사를 통해서 일본인들이 가장 좋아하는 역사상의 인물을 살펴보기로 하자. 아래에 제시한 것은 NHK방송문화연구소여론조사부가 조사한 결과로 역사상의 인물 베스트10이다.

여러 매체에서 조사를 하지만 특이한 것은 전국시대에 활약했던 오다 노부나가와 도요토미 히데요시, 도쿠가와 이에야스가 항상 상위권에 포진하고 있다는 것이다.

〈일본인이 좋아하는 역사상의 인물 베스트10〉

1위 오다 노부나가(織田信長)

2위 도쿠가와 이에야스(徳川家康)

3위 사카모토 료마(坂本竜馬)

4위 도요토미 히데요시(豊臣秀吉)

5위 쇼토쿠태자(聖徳太子)

6위 다케다 신겐(武田信玄)

7위 미나모토노 요시쓰네(源義経=별명 우시와카마루(牛若丸))

8위 사이고 다카모리(西郷隆盛)

9위 후쿠자와 유키치(福沢諭吉)

10위 노구치 히데요(野口英世)

여기에 나와 있는 10위까지의 인물 중 본문에서 거론되지 않은 인물로는 다케다 신겐과 미나모토노 요시쓰네, 노구치 히데요가 있다. 다케다 신겐은 현재의 야마나시현을 거점으로 한 전국시대의 무장으로「빠를 때는 바람처럼, 조용할 때는 숲처럼, 공격은 불처럼, 움직이지 않을 때는 산처럼 하라」는 손자병법을 응용한「풍림화산(風林火山)」으로 유명하다. 미나모토노 요시쓰네는 우시와카마루(牛若丸)라는 어릴 때의 이름으로 더 유명한 가마쿠라시대 초기의 무장으로 약자에게 동정하고 편드는 심리를 나타내는「한간비이키(判官贔屓)」라는 용어의 어원이 된다. 노구치 히데요는 20세기 초의 저명한 의사로 일본의 천엔권 지폐에도 등장하였다.

3.6 일본의 국보

일본의 국보(国宝)는 일본에 있어서 역사적으로 가치가 매우 높다고 판단되는 건축물이나 미술품, 공예품, 서적 등에 대하여 법령으로 정한 유형문화재를 가리킨다. 일본의「중요문화재」중에서 특별히 가치가 높다고 지정된 것으로 국보는 중요문화재의 일부이다.

현재까지 지정된 국보를 개략적으로 보면 건축물과 서적, 미술품, 공예품이 각각 200건을 넘고, 문서나 자료 등을 포함하여 총 1100여 건이 국보로 지정되어 있다. 이하에 분야별로 알만한 국보를 제시하도록 한다. 국보로 지정한 것은 구체적인 것이지만 여기에서는 그 국보를 포함한 명칭을 알기 쉽게 보이도록 한다.

- 불교사원 : 호류지(法隆寺), 도다이지(東大寺), 기요미즈데라(清水寺)
- 신사 : 도쇼구(東照宮), 이즈모타이샤(出雲大社)
- 성곽 : 히메지성(姫路城), 이누야마성(犬山城), 히코네성(彦根城)
- 서적 : 만요슈(万葉集), 고킨와카슈(古今和歌集), 도사닛키(土佐日記)
- 사서 : 고지키(古事記), 니혼쇼키(日本書紀)

제4장

일본의 전통문화와 대중문화

1. 일본의 전통문화
2. 일본의 대중문화
3. 일본의 세계문화유산

상식 더하기

이중지련【泥中之蓮】

이중지련(泥中之蓮)은 진흙 속의 연꽃이라는 뜻으로 나쁜 환경에 있어도 그것에 물들지 않는 훌륭한 삶을 말합니다. 주변 환경을 탓하지 말고 열심히 살아가는 것이 좋겠지요.

선린우호【善隣友好】

선린우호(善隣友好)는 이웃나라 또는 이웃과 좋은 관계를 유지하며 사이좋게 잘 지낸다는 뜻으로 주로 이웃나라와 외교적으로 우호관계를 맺는 것을 말합니다. 춘추(春秋)에 있는 말입니다.

1. 일본의 전통문화

1.1 노(能)

노(能)는 얼굴에 가면을 쓰고 공연하는 가무극의 일종이다. 대사에 해당하는 우타이(謡), 연기에 해당하는 춤, 음악에 해당하는 하야시(囃子)로 이루어진다. 굉장히 조용하고 정적이다. 다음 사진에 있는 가면 중 왼쪽은 남자를 나타내는 가면이고 오른쪽은 여자를 나타내는 가면이다.

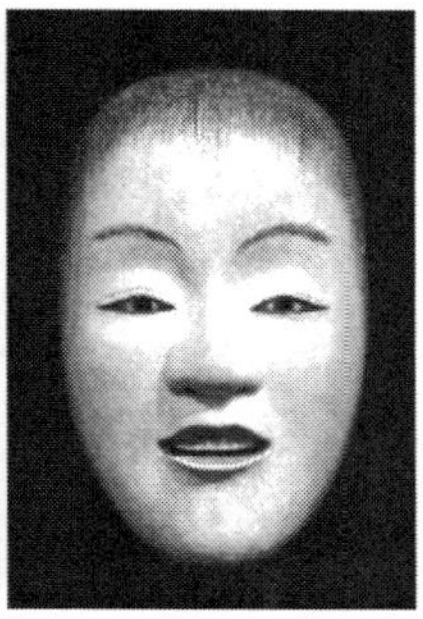

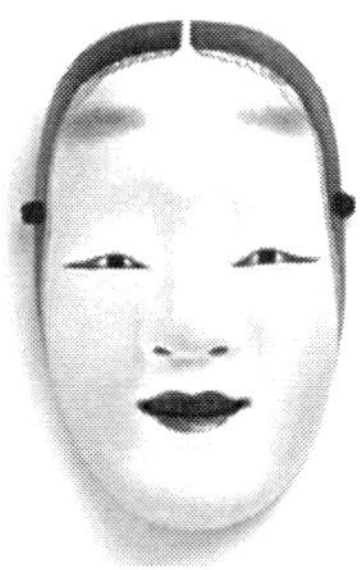

1.2 가부키(歌舞伎)

노래인 가(歌), 춤인 무(舞), 연기인 기(伎)가 합쳐진 종합예술이다. 원래는 남녀가 같이 무대에 올라가 각각의 역할을 하였으나 문제가 빈번하게 발생하여 현재는 남자 배우만으로 구성된 공연만이 존재한다. 주로 전용극장인 도쿄의 가부키좌(歌舞伎座)에서 공연한다. 이때, 여자역할을 하는 남자배우를 온나가타(女形)라고 한다.

가부키의 간판은 보통 8장으로 구성되어 있었다. 그 중, 두 번째인 니마이메(二枚目)의 간판에 애정 연기를 주로 하는 섹시한 젊은 남자배우를 그리는 경우가 많아서 지금도 미남자를 뜻하는 용어로 니마이메가 사용되고 있다. 참고로 첫 번째 간판에는 주연배우가 그려지고 세 번째 간판에는 웃기는 역할을 하는 코미디언이 그려진다. 그래서 지금도 코믹한 행동을 하는 사람을 「삼마이메(三枚目)」라고도 한다.

십팔번(十八番)이라는 용어도 가부키에서 비롯된 것이다. 한국어에서도 「십팔번」이라는 소리를 종종 듣는 경우가 있다. 십팔번이란 어떤 분야에서 특별히 잘하는 것이나 재주를 말하는데, 한국에서는 주로 잘하는 노래를 가리키는 경우가 많다.

일본어에서는 「십팔번(十八番)」이라고 써서 「오하코(おはこ)」라고 읽는 것이 정석이다. 「오(お)」는 존경이나 미화접두사로 쓰이는 접사이고, 「하코(はこ ; 箱)」는 상자를 뜻한다. 굳이 말하자면 「소중한 상자」 정도의 뜻이다.

이는 에도시대에 전통적인 가부키(歌舞伎) 집안의 배우가 자기 집안에 대대로 내려오는 특기를 기록한 책자를 상자에 넣어 소중하게 보관해 와서 붙여진 이름이다. 그 특기가 18종류였기 때문에 「십팔번(十八番)」이라는 한자를 대입하고 의미적으로 「오하코」라고 읽게 된 것이다. 따라서 「오하코」가 정식용어인데, 한자어 「십팔번(十八番)」이 일반화되다보니 「쥬하치방(じゅうはちばん : 십팔번)」이라는 표현도 나중에 쓰이게 되면서 통용되게 된다. 그리고 한국어에서는 이 한자어를 한국어음으로 읽게 된 것이다.

1.3 만자이(漫才)와 라쿠고(落語)

만자이(漫才)는 집집마다 방문하여 신년을 축복하는 말을 건네며 한 사람은 북을 치고 한 사람은 춤을 추던 만자이(万歳)라는 풍습에서 유래되었다. 보통 두 사람이 콤비로 활동하는 경우가 많고 보케역과 쏫코미역이라는 역할 분담을 한다.

보케역(ボケ役)은 일부러 착각이나 실수를 하여 웃음을 유발하는 역할을 하고, 쏫코미역(ツッコミ役)은 보케역의 잘못을 지적하여 웃음을 이끌어내는 역할을 한다.

라쿠고(落語)는 한 사람이 여러 사람의 역할을 하며 웃음을 자아내는 이야기 예술이다. 이야기의 마지막에 우스갯소리 또는 익살에 해당하는 오치(落ち)로 마무리를 하기 때문에 라쿠고(落語)라고 한다.

1.4 다도(茶道), 꽃꽂이(華道), 서예(書道)

(1) 다도(茶道)

다도는 일정한 의식에 따라 손님을 위해서 차를 달여 대접하면서 주인과 손님이 일체감을 느끼는 것을 지향하는 예법이다. 16세기 센노리큐(千利休)에 의해 완성되었다. 일기일회(一期一会)를 기본 이념으로 하는데, 사람과의 만남을 매번 단 한 번뿐인 만남이라 생각하고 정성을 다해서 성심성의를 다해야 한다는 뜻이다.

(2) 꽃꽂이(華道, 生け花)

꽃꽂이는 살아 있는 초목을 소재로 한 순간예술이다. 살아 있는 꽃을 통해서 자신의 정신세계를 표현한다.

(3) 서예(書道)

서예는 붓으로 글자를 써서 미를 추구하는 예술이다. 실용성과 동시에 정신 수양적인 요소가 강하여, 한국에서는 예술적인 측면을 중시하여 서예라고 하는 데 비하여 일본에서는 서도라고 한다.

1.5 카르타(カルタ)

카르타는 주로 설날에 하는 카드놀이이다. 카르타는 포르투갈에서 전해진 포르투갈어로 카드라는 뜻이다. 카르타 놀이는 바닥에 하구(下句)가 쓰여진 카드를 늘여놓고 진행자가 상구(上句)를 읽으면 그에 해당하는 하구 카드를 재빨리 찾아내는 놀이이다. 왼쪽 사진이 카르타이다.

카르타는 속담이라든지 전통적인 시가(詩歌) 등의 학습을 위해서도 많이 활용되고 있다. 이와 같은 학습용 카르타를 특히 이로하가르타라고 하는데, 히라가나의 보급을 위해 만들어진 47자의 일본문자를 한글자도 겹치지 않게 만들어진 이로하우타에 대입시켜서 학습하는 놀이이다. 동부버전, 중부버전, 서부버전 등이 있기 때문에 놀면서 공부할 수 있는 좋은 학습 도구이다.

1.6 화투(花札)

화투는 카르타에서 일본화한 카드놀이이다. 일본어로는 꽃그림이 그려진 카드라는 뜻으로 화찰(花札)이라고 하는데, 이것이 한국에 들어오면서 한국식 표현으로 화투(花鬪)가 되었다. 한국에는 들어오면서부터 단순한 놀이뿐만 아니라 투전이나 노름의 도구 역할을 했다고 할 수 있다.

화투를 이용하는 측면에서 보면 도박성이 강하지만, 거기에 그려져 있는 그림은 일본의 1년을 알 수 있는 사시사철이 표현되어 있고 심오한 뜻이 담겨져 있기 때문에 일본을 이해하려고 할 때는 학습할 만한 가치가 있다. 화투는 한 달에 네 장씩, 1년 12달의 일본의 모습을 그림으로 담았는데 몇 가지만 소개하고자 한다.

오른쪽 사진은 화투에서 10월의 단풍을 나타내는데 이는 음력에서 비롯된 것이기 때문에 지금으로 보면 11월 무렵의 풍경이라고 할 수 있다. 사슴이 단풍나무 아래에서 고개를 돌리고 있기 때문에 말을 무시하는 사람에 빗대어 「시카토」라는 말까지 생겨났다. 「시카」는 사슴이고 「토」는 열이기 때문에 10월달 화투에 있는 사슴처럼 사람 말을 무시한다는 뜻이다.

그러나 이 그림은 수렵을 즐기는 인간에 의해 사랑하는 짝꿍을 잃은 사슴의 매우 애처로운 모습을 그린 것이다. 그래서 봄철의 벚꽃놀이는 「하나미(꽃을 바라본다)」로 표현하지만, 가을의 단풍놀이는 단풍을 보는 것이 아니라 「모미지가리(단풍을 수렵한다)」로 표현하는데 단풍놀이를 핑계 삼아 수렵을 즐기는 인간 군상을 탓하는 뜻이 담겨 있다.

한 가지 더 살펴보도록 하자. 오른쪽의 그림은 일본의 11월, 한국에서는 12월을 나타내는 비오는 그림이다. 이

그림에는 더 깊은 이야기가 들어 있다.

이 그림은 화투 48장 중에 유일하게 사람의 그림이 겉면에 그려진 것이다. 우산을 받쳐 든 이 인물은 일본에서 실재한 오노노 도후(小野道風)라는 서예의 대가이다. 10세기 무렵의 서예가로 일본 서예의 전형을 보여주는 인물로 묘사되고 있다.

오노노 도후는 수행을 하던 도중, 스승에게 맨날 못한다고 꾸지람만 듣다가 견디지 못해 서예를 포기하고 보따리를 싸들고 집으로 향한다. 그가 집으로 향하던 중, 비가 와서 불어난 개천 옆에서 한 마리의 개구리가 버드나무 잎에 오르려고 수없이 뛰어오르기를 반복하는 모습을 목격하게 된다. 부질없는 짓이라고 생각하던 그때에 마침내 개구리가 버드나무 위에 뛰어오르기를 성공하고 만족스러워하는 모습을 짓는다. 이를 본 오노노 도후는 저러한 미물도 끝없이 노력하여 목표를 이루는데 나는 무엇을 하고 있는가 반성하고 집으로 가던 발길을 다시 돌려 스승을 찾아가 매일매일 수행에 정진하여 일본 서예 제일의 대가로 성장하게 되었다는 이야기이다.

1.7 겐다마(けん玉)

겐다마는 공을 던져 접시 부분에 올리거나 뾰족하게 깎은 끝에 꽂거나 하면서 노는 놀이이다. 한국의 문방구점에서도 구입할 수 있다. 왼쪽 사진과 같은 모양인데 주로 어린이들의 완구로 사용되지만, 어른들이 같이 즐기는 경우도 있다. 「겐」은 손잡이가 달린 긴 막대를 검(劍)에 빗대고, 「다마」는 그것을 꽂거나 둥그스름한 접시 부분에 올리는 구슬(玉)이라는 뜻이다. 그래서 겐다마는 「剣玉, 拳玉」 등 여러 한자표기가 있다.

1.8 스모(相撲)

스모는 일본의 국기(国技)로 인정받고 있는 무도로서 일본의 국기로 인정받게 된 것은 메이지시대 말인 20세기 초이다. 규칙은 상대를 모래판인 도효(土俵) 밖으로 밀어내거나, 발바닥을 제외한 신체 부위를 도효에 닿게 하면 승리하는 게임이다.

1.9 마작(麻雀, マージャン)

마작은 메이지시대 말기 중국에서 미국을 경유하여 일본으로 전해진 게임이다. 「파이(牌)」라고 불리는 136개의 사각형 말을 이용하여 네 명이 득점을 겨룬다. 한국에서는 많이 하는 게임이 아니지만, 일본에서는 대학생들도 많이 즐기고 있으며, 프로게이머가 있을 만큼 마니아층이 두텁다.

2. 일본의 대중문화

2.1 망가(漫画)와 아니메

망가(만화)는 아니메와 함께 일본의 대중문화를 대표하는 것 중 하나이다. 방대한 주제와 탄탄한 스토리로 해외에서도 높은 평가를 받고 있다. 아니메는 영어 애니메이션(animation)의 일본식 약어(略語)인데 영어권에도 역수출되어 사용되고 있다.

일본은 만화(망가)문화가 매우 발달한 나라이다. 세계에서 만화를 가장 많은 분야에서 활용하고 있는 나라라고 할 수 있다. 만화를 뜻하는 일본어 「漫画(まんが : 망가)」가 manga라는 로마자 표기로 영어에서도 통할만큼 일반화되어 있다. comic이라는 영어가 있음에도 불구하고 말이다. 여기에서 만화는 주로 종이 위에 표현하는 그림이야기를 가리킨다. 만화영화는 따로 「아니메」라고 한다.

일본에서는 전철 안이나 공원 등에서 만화를 당당하게 내놓고 읽고 있는 사람들을 많이 볼 수 있다. 정장을 차려입은 신사도 마찬가지이다. 내용이 픽션에 그치지 않고 여러 분야를 커버하고 있는 것도 이유라고 할 수 있다. 어려운 경제문제나, 정치문제, 역사, 국제관계, 고전문학 등 거의 모든 분야에서 만화가 쓰이고 있다. 시각적으로 보고 읽으면 재미있기도 하고 머리에 오랫동안 기억되는 효과가 있는 것이다.

도라에몽

「은하철도999」나 「도라에몽」과 같이 우리에게도 매우 친숙한 만화들이 많이 있다. 2022년 현재, 역대발행부수 랭킹과 발행부수를 보면 일본만화의 힘을 짐작할 수 있다. 1위는 「원피스」가 차지하였는데 4억9천만부가 발행되었다. 일본 전체인구의 네 배나 된다. 2위는 「도라에몽」으로 3억부, 「드래곤볼」은 2억6천만부로 4위를 차지하였다. 「나루토」가 2억5천만부로 5위, 「슬램덩크」(1억2천만부) 등도 역대의 발행부수를 자랑한다. 만화의 누계발행부수 순위 18위까지가 1억부 이상이다.

일본에서는 인기 있는 만화가 드라마로 제작되어 방영되는 경우도 많다. 유명한 드라마의 원작이 만화인 경우가 많은 것이다. 한국인이 많이 보는 「고독한 미식가(孤独のグルメ)」도 원작은 만화이다. 일본에서의 만화시장은 앞으로도 확실한 기반을 유지할 것이고, 세계만화시장에서의 입지도 견고할 것으로 보인다.

2.2 야구(野球)

고시엔구장

야구가 미국에서 일본에 들어온 것은 1872년의 일이다. 일본의 국민스포츠라고 할 만큼, 보는 스포츠로서도 직접 즐기는 스포츠로서도 인기가 많다.

프로야구의 인기가 높지만 아마추어 야구도 인기를 이어가고 있다. 특히 고등학교의 전국대회인 고시엔(甲子園)대회는 야구를 좋아하는 사람이면 누구나 관심을 갖고 보는 경기이다. 고시엔대회는 봄대회와 여름대회가 있고 고시엔구장에서 본대회가 열린다.

일본 프로야구의 열기는 더 대단하다. 1920년에 시작된 프로야구는 현재 센트럴리그와 퍼시픽리그라는 양대 리그로 운용되어 계 12개의 구단이 있다. 센트럴리그에는 요미우리 자이언츠, 주니치 드래건즈, 한신 타이거스, 도쿄 야쿠루트스왈로즈, 요코하마 DeNA베이스타즈, 히로시마 도요카프가 있고, 퍼시픽리그에는 사이타마 세이부라이온즈, 치바 롯데마린즈, 후쿠오카 소프트뱅크호크스, 홋카이도 닛폰햄파이터즈, 도후쿠 라쿠텐골든이글스, 오릭스 버팔로스가 있다. 일반적으로 퍼시픽리그보다 센트럴리그가 더 인기가 높다.

프로야구의 한일교류도 활발하다. 그 대표적인 것이 1991년에 시작된 한일프로야구수퍼게임이다. 여기에서 2005년부터의 코나미컵 아시아시리즈로 발전하였고, 2006년부터 현재는 4년마다 열리는 WBC(World baseball Classic)라는 국제경기를 통하여 각국의 실력을 겨루고 있다.

2.3 가라오케(空オケ)

가라오케

「가라오케(カラオケ)」는 일본어로 비어 있다는 뜻의 가라(空)와 오케스트라의 줄임말 오케(オケ)가 합성된 용어로 반주자가 없는 오케스트라라는 뜻이다. 즉, 사전에 제작된 반주의 녹음을 일컫는데, 1970년대 이후에 가라오케 기기가 술집과 바 등에 설치되면서 서민오락으로 정착하게 된다. 가라오케문화가 일반화되면서 연주장치, 가라오케박스, 그것을 이용한 노래 부르기 등을 두루두루 지칭하게 되었다. 영어로도 일본어 가라오케(カラオケ)를 그대로 읽은 karaoke가 통용되고 있다. 한국에는 가라오케박스가「노래방」이라는 말로 번역되어 도입되었다.

가라오케가 처음 보급될 당시에는 주로 술을 파는 곳에서 여흥으로 노래를 즐기기 위한 목적으로 사용되었다. 노래도 대부분 엔카(트로트)였다. 그러던 것이 1980년대 중엽에 술과는 상관없이 오로지 노래만을 즐기기 위한 시설이 탄생한다. 그것이 가라오케박스이다.

가라오케박스가 탄생하면서, 그때까지만 해도 중년남성들의 전유물로 여겨졌던 가라오케가 연령층과 상관없이 대중적인 문화로 자리 잡게 된다. 학생들의 모임이라든가 직장인들의 회식 후 2차 모임 장소 등으로 많이 이용하게 된 것이다. 그래서 가라오케가 일본인들의 오락을 대표하는 분야가 된다. 노래 마니아들은 자택에 가라오케시스템을 구비하고 즐기는 경우도 많다.

일본 음악차트인 오리콘차트에 가라오케 부문이 있다. 전국의 가라오케에서 가장 많이 불린 곡목의 순위를 정하여 발표하는 것이다. 일본판 위키피디아에 의하면 집계가 시작된 1990년대 중반부터 최근까지 가장 많이 불린 곡 1위는 이시카와사유리의「아마기고에」, 2위는 스피츠의「체리」, 3위는 히토토요의「하나미즈키」이다.

체리

2.4 게임센터(ゲームセンター)

게임센터는 일본의 젊은이들이 주로 이용하는 곳이다. 비디오게임(テレビゲーム) 등의 오락기기와 메달게임이 주를 이룬다. 젊은 층들에게는 시간을 때우

거나 가볍게 스트레스를 푸는 장소로 애용되고 있지만, 폭력적인 게임이 많아 청소년들에게 좋지 않은 영향을 끼치고 있다는 비판도 있다.

2.5 파친코(パチンコ)

파친코는 1920년경에 미국에서 전해진 코린트게임을 개량한 것이다. 파친코라는 말은 원래 새총을 의미하는데, 새총으로 돌을 쏠 때 「파친」하는 소리가 나서 거기에 접미사를 붙여 형성된 단어이다. 파친코도 구슬을 튀길 때 「파친」하는 소리가 나기 때문에 붙여졌다. 실제로 파친코 기기의 구슬이 들어가는 마지막 관문이 Y자로 되어 있어 새총과 같은 형태이다.

파친코

파친코는 놀이이기는 하지만 도박적인 요소가 강하다. 특히 최근에는 점점 도박적인 요소가 강해져 사회문제가 되고 있기도 하다.

2.6 경마(競馬)ㆍ경륜(競輪)

경마와 경륜은 공영도박으로 인정된 종목들이다. 경마 경기는 중앙경마와 지방경마의 두 종류가 있다. 경륜은 자전거로 하는 경기로 경기의 순위를 점치는 도박성 게임이다.

2.7 온천(温泉)

일본은 온천이 참 많은 나라이다. 그리고 유명한 온천지에는 대부분 커다란 리조트가 형성되어 있다. 최근에는 한적하고 조용한 산속 깊은 곳에 있는 온천이 인기를 끌고 있다.

일본의 온천법에 의하면 온천은 반드시 온도에 좌우되는 것은 아니지만, 일반적으로 25도 이상의 원천수를 온천이라고 한다. 일본에는 약 3000여 곳의 온천이 있다.

유럽에서는 온천이 의료행위의 일환으로 인식되어 있는 경우가 많은데, 일본에서는 관광을 겸한 오락으로서의 기능이 더욱 돋보인다. 그와 더불어 몸에도 좋다는 인식이 따라온다. 그래서 수학여행이나 단체여행의 행선지로 온천을 찾는 경우가 많다. 남녀노소를 불문하고 좋아하는 사람이 많다.

역사적으로 가장 오래되었다고 여겨지는 일본의 3대 전통온천(日本三古湯：にほんさんことう)은 에히메현의 도고온천(道後温泉：どうごおんせん), 효고현의 아리마온천(有馬温泉：ありまおんせん), 와카야마현의 시라하마온천(白浜温泉：しらはまおんせん)을 꼽는다.

도고온천

일본 각지에는 유명한 온천지가 많이 있다. 일본의 관광경제신문이 매년「일본의 온천 100선」을 발표하는데, 2021년에 실시한 조사결과에 의하면, 가장 인기 있는 온천 1위는 군마현의 구사츠온천, 2위는 기후현의 게로온천, 3위는 오이타현의 벳푸온천이었다.

구사츠온천

이 밖에도 가나가와현의 하코네온천, 홋카이도의 노보리베츠온천, 오이타현의 유후인온천, 시즈오카현의 아타미온천, 도치기현의 기누가와온천 등도 이름만 들어도 알만한 온천들이다. 도쿄에도 오에도온센모노가타리라는 온천호텔 리조트가 조성되어 있다. 일본을 방문할 때 참고할 수 있을 것이다.

2.8 하나미(꽃놀이)

하나미(花見)는 꽃놀이를 의미하는데 연례행사화되어 있다. 매화꽃을 감상하는 등, 다른 종류의 하나미를 즐기는 경우도 있지만, 일본에서 하나미라고 하면 일반적으로 벚꽃놀이를 가리킨다. 현대인들이 많이 즐기기 때문에 대중문화에 넣었지만 하나미의 역사는 매우 오래된다. 전통이 현대까지 이어져오는 대중문화라고 할 수 있다.

일본 각지에 하나미의 명소로 알려져 있는 곳이 많다. 나라현의 요시노야마(吉野山)가 가장 유명하며, 도쿄의 우에노공원 등, 가까이에서 볼 수 있는 곳도 많다. 일본 화투에서 3월을 나타내는 그림도 하나미의 풍경이다. 밤에 관상하는 벚꽃은 요자쿠라(夜桜)라고 한다.

하나미를 즐길 때는 주로 음식을 같이 즐기는 경우가 많다. 하나미도시락(花見弁当), 하나미경단(花見団子), 하나미술(花見酒) 등을 같이 즐긴다. 「금강산도 식후경」에 해당하는 일본어의 속담은 「꽃보다 경단(花より団子)」인데, 하나미경단에서 비롯된 말이다. 꽃을 감상하는 것을 핑계로 먹고 마시는 것을 우선시하는 풍습을 나타내는 표현이다.

3. 일본의 세계문화유산

유네스코에 등록된 일본의 세계유산은 2022년 현재, 문화유산이 20건, 자연유산이 5건으로 모두 25건이 등록되어 있다. 47개의 도도부현 중에서 27개의 도도부현에 세계유산이 존재한다. 여기에서는 우리에게도 꽤나 익숙할 것으로 짐작되는 세계문화유산을 몇 군데 골라서 싣도록 한다.

1) 호류지(法隆寺, 1993년 지정)

7세기에 지어진 호류지는 나라현에 있는 불교 사원으로 히메지성과 함께 일본에서는 최초로 세계문화유산에 등록되었다. 세계에서 가장 오래된 목조 건축물로 알려져 있다. 쇼토쿠태자와 인연이 깊고 고구려의 담징이 그린 금당벽화로 한국사에서도 꽤나 친숙한 절이다. 일본의 국보이기도 하다.

호류지

2) 히메지성(姫路城, 1993년 지정)

효고현에 있는 일본의 성곽으로 국보이기도 하다. 14세기에 지어진 성으로 일본에서 가장 아름다운 성이라는 명성에 걸맞게 날아오르려는 백로를 닮았다 하여 백로성(白鷺城)이라는 별칭도 갖고 있다.

히메지성

3) 교토(京都, 1994년 지정)

교토와 그 인근에 있는 17건으로 구성된 세계문화유산이다. 특히 많이 알려진 곳으로는 기요미즈데라(清水寺), 엔랴쿠지(延暦寺), 금각사(金閣寺), 은각사(銀閣寺), 니조성(二条城) 등이 있다.

4) 나라(奈良, 1998년 지정)

나라현에 있는 문화재로 국보이기도 한 도다이지(東大寺)가 대표적이다. 가스가타이샤(春日大社)도 여기에 포함된다. 자연유산이라고 할 만한 주변의 원시림까지 포함되는데 건축물을 중심으로 문화유산으로 등록되었다.

5) 후지산(富士山, 2013년 지정)

산이기 때문에 자연유산일 것 같고 일본인들도 그렇게 알고 있는 사람이 많지만 문화유산으로 등록되었다. 후지산은 단순한 산이 아니라 일본인들의 마음의 안식처라는 주장이 어필되었기 때문이다.

일본에서는 새해의 첫 꿈으로 후지산이 나타나기를 갈망한다. 그래서 「첫 번째 후지산, 두 번째 매, 세 번째 가지」라는 말이 사전에 실려 있을 정도이다. 모두가 입신출세를 나타내는 말인데 특히 후지산은 3776미터로 일본에서 가장 높은 산이기도 하고 「후지」라는 말이 「둘도 없는」이라는 뜻으로도 해석되기 때문에 더욱 좋아한다. 그래서 일본 각지에 후지산과 비슷하게 생긴 산에는 「○○후지」라는 별칭을 가진 산이 많은 것이다.

한편, 일본의 세계자연유산으로는 야쿠시마(屋久島, 1993년 지정), 시라카미산지(白神山地, 1993년 지정), 시레토코(知床, 2005년 지정), 오가사와라제도(小笠原諸島, 2011년 지정), 아마미오시마(奄美大島, 2021년 지정) 일대가 등재되어 있다.

제5장

일본의 사회

1. 일본의 연중행사
2. 24절기
3. 신어유행어대상

상식 더하기

청경우독【晴耕雨讀】

청경우독(晴耕雨讀)은 맑은 날은 논밭을 갈고 비 오는 날에는 책을 읽는다는 뜻으로 부지런히 일하며 열심히 공부한다는 뜻입니다. 상황 상황에 맞게 시간을 유용하게 사용하면서 자연현상에 맞게 열심히 그리고 여유롭게 살아간다는 내용을 담고 있지요.

박람강기【博覧強記】

박람강기(博覧強記)는 널리 보고 배우며 익혀서 잘 기억한다는 뜻으로 견문이 넓고 독서를 많이 하여 지식이 풍부함을 이르는 말입니다. 「예기」에 나오는 「두루 배우고 읽어 아는 것이 많으면서도 겸손할 줄 알고 바른 행동을 하려고 늘 노력을 게을리 하지 않아야 한다」는 말에서 유래된 구문입니다.

1. 일본의 연중행사

일본의 사회를 이해하기 위해 먼저 일본의 연중행사를 살펴보도록 하자. 여러 종류의 행사가 있지만 대표적이라고 할 만한 것들을 월별로 정리한다.

1) 1월

1월은 설날이 대표적이다. 1월1일이 설날인데 1일부터 3일까지를「정초 사흘」이라고 해서 쉬는 날이다. 또한 1일부터 7일까지는 장수를 상징하는 소나무를 장식하는 기간으로 삼고 있다. 15일은 음력을 사용하던 때의 풍습 그대로「소정월(小正月)」이라고 하는데 우리나라의 대보름에 해당한다고 할 수 있다. 1일을「대정월(大正月)」이라고도 하는 것에 대비된 용어이다.

설날에는「오세치요리(お節料理)」라고 하는 설날요리를 먹는다. 오세치요리의 내용물에는 일본인들의 문화를 살펴볼 수 있는 여러 가지의 의미가 담겨 있다. 예를 들면 새우는 장수를 의미하고, 연근은 미래의 전망이 잘 보인다는 뜻을 담고 있다.

청어 알은 자손번창을 의미하며 검은콩은 근면성실을 의미한다. 도미는 경사스럽다는 일본어 발음과 상통하므로 경사스런 일이 많이 일어나기를 바라는 뜻이 들어 있다.

이 밖에도 설날 하면 새해 첫 일출, 떡국, 연하장, 세뱃돈, 새해 첫 참배, 첫 꿈 등 관련된 것이 많다. 1월11일에는 설날에 장식한 떡을 내려서 먹는「가가미비

라키」라는 행사가 있다.

1월의 제2월요일은「성인의 날」이다. 지금까지는 만20세가 성인이었는데, 2022년4월1일부터 만18세부터가 성인이다. 일본에서는 성인이 되는 젊은이를 축하하는 성인의 날 행사가 성대하게 펼쳐지는 경향이 있다. 그런데 2022년에는 만20세, 만19세, 만18세가 동시에 성인이 되는 해여서 혼란스러웠다.

2) 2월

2월은「세쓰분(節分)」이라는 전통행사가 있다. 입춘 전날에 볶은 콩을 뿌리는 행사이다. 입춘은 음력의 설날과 날짜가 거의 비슷하므로 옛날부터 입춘을 새해의 시작이라고 인식하는 경향이 있었다. 그래서 입춘 전날은 지난해의 마지막 날이 되기 때문에 힘들었던 지난해를 보내고 희망찬 새해를 맞이한다는 의미가 담겨 있다.

입춘인 2월4일경이 음력을 사용하던 시절의 설날 무렵에 해당하는 것과 관련하여 지금도 양력의 1월1일에 보내는 연하장에「영춘(迎春)」이라든가「송춘(頌春)」과 같은 봄을 상징하는 문구를 삽입하는 경우가 많다.

3) 3월

3월의 행사로는 3월3일의「히나마쓰리(히나축제)」가 있다. 여자아이가 아름답고 행복하게 성장하기를 바라는 행사로 여자 어린이날이라고 할 수 있다.「히

나인형」을 장식하는 경우가 많다. 「복숭아 명절(桃の節句)」이라고도 한다.

일본의 3월은 졸업시즌이기도 하다. 일본은 3월이 학년도의 마지막달이기 때문에 여기저기에서 졸업식이 거행된다. 전에는 매우 엄숙하게 행해졌지만 지금은 많이 간소화되어 있다. 그래도 한국보다는 형식적인 면이 더 많이 남아 있음을 알 수 있다.

4) 4월

일본은 4월부터 모든 것이 새롭게 시작된다. 학생들은 입학식이 있고, 신입사원은 입사식이 있다. 회계연도도 4월부터 시작한다.

4월의 행사로 꽃놀이를 빼놓을 수 없다. 꽃놀이는 「하나미」라고 하는데 매화꽃놀이 등 다른 꽃을 즐기는 경우도 있지만, 일반적으로는 벚꽃놀이를 가리킨다. 벚꽃은 남쪽지역인 오키나와에서는 1월부터 피기 시작하며 북쪽인 홋카이도에서는 5월에 핀다. 1년의 거의 절반이 일본의 어딘가에 벚꽃이 피어 있게 되는데, 꽃놀이는 보통 도쿄지역을 중심으로 4월초라는 인식이 강하다.

5) 5월

5월초에는 황금연휴가 있다. 황금연휴는 4월말에서 5월초로 이어지는 긴 연휴기간을 나타낸다. 골든위크 또는 대형연휴라고도 한다. 2022년의 황금연휴는 4월29일(금요일)의 「쇼와의 날」에서 5월8일(일요일)까지 10일간이었다.

5월2일(월요일)과 5월6일(금요일)은 평일이지만 이런 경우에는 대부분의 직장인들이 휴가를 취득하여 연휴를 즐기는 경향이 있다. 직장인들로서는 1년 중에서 가장 긴 휴가기간이라고 할 수 있다.

5월5일은 어린이날이다. 어린이날은 남녀의 구별 없이 축하하는 날이기는 하지만, 실질적으로는 3월3일이 여자 어린이날이고 5월5일은 남자 어린이날이다. 이날, 남자아이가 있는 집에서는 「등용문」의 고사에서 비롯된 「고이노보리」라는 잉어깃발을 세워 남자가 성공하기를 기원한다. 5월5일은 단오절이기도 하다.

입춘에서 시작하여 88일째 되는 날을 「하치쥬하치야(八十八夜)」라고 하는데, 봄에서 여름으로 넘어가는 시기를 가리킨다. 「팔십팔(八十八)」이라는 숫자는 장수를 나타내는 「미수(米寿 : 88세)」와 연결되며, 앞길이 활짝 열린다 하여 일본인들이 좋아하는 숫자 「팔(八)」이 겹치기 때문이다. 이날은 새로 딴 차를 달여 먹으면 좋다는 풍속이 있다.

6) 6월

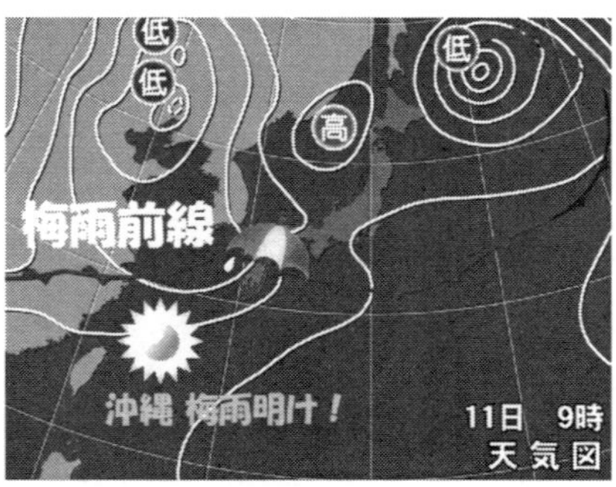

6월에는 고로모가에(衣替え)라는 철따라 옷 갈아입기를 한다. 동복을 하복으로 바꿔 입는 시기이다. 학교나 기업의 정해진 복장을 6월1일을 기준으로 바꾸게 된다.

6월은 장마에 들어가는 시기이기도 하다. 장마는 일본어로 「쓰유(梅雨)」라고 하는데 매실이 여물어 갈 무렵에 비가 집중적으로 내리기 때문에 붙여진 명칭이다. 예부터 매실은 체내의 균형을 유지하고 혈액을 맑게 하며 체내의 수분을 정화하여 몸의 기능을 개선시킨다고 하여 즐겨 섭취하는 과실이다. 장마전선은 「바이우전선(梅雨前線)」이라고 한다.

7) 7월

7월에는 칠석(다나바타 : 七夕)이 있다. 칠석은 원래 음력이지만 일본에서는 양력으로 쉰다. 칠석 때는 단자쿠(短冊)라는 종이에 희망하는 바를 써서 조릿대에 장식하기도 한다. 견우와 직녀의 얘기와 관련하여 사랑을 맺게 해달라는 내용이 많다.

단자쿠라는 것은 시구 등을 쓰기 위한 약간 빳빳한 가늘고 긴 종이인데, 보통 가로 6센티미터, 세로 36센티미터로 되어 있다. 화투라는 놀이에 있는 청단, 홍단이라고 하는 경우의 「단」이 「단자쿠」의 줄임말이다.

칠석과 관련하여 전국 각지에서 축제를 하는 경우도 많다. 단, 칠석 축제는 양력 7월에 하는 경우도 있지만, 원래 음력에서 비롯되었기 때문에 지금도 대략 한 달 정도 뒤로 미뤄서 8월초에 행하는 곳도 많다. 가장 유명한 칠석 축제 중의 하나인 센다이의 칠석 축제는 8월 초순에 한다.

「도요(土用)」라는 말이 있다. 「도요」는 원래 1년에 네 번 있지만, 요즘에는 주로 입추 전의 18일간을 가리킨다. 우리나라의 삼복더위에 해당하는 용어라고 할 수 있다. 이때는 영양보충을 위하여 장어요리를 먹는 풍습이 있다.

8) 8월

8월에는 백중 행사가 있다. 일본에서는 「오봉」이라고 하는데, 우리나라의 추석과 같은 행사라고 보면 된다. 8월15일을 전후하여 귀성하는 경우도 많다.

백중과 관련해서는 「오츄겐(お中元)」이라는 감사의 선물을 주고받는 풍습이 있다. 이것도 원래는 음력 7월15일이었기 때문에 지금의 7월에 보내는 지역도 있고 8월에 보내는 지역도 있다.

8월의 연례행사로 고교야구를 빼놓을 수 없다. 전국고교야구대회는 봄철과 여름철에 고시엔구장에서 개최되는데, 8월에 하는 여름철 대회가 더 인기가 있다. 이때는 전국 각 도도부현의 예선전을 거친 대표가 고시엔구장에서 토너먼트 형식으로 열전을 벌인다. 일본의 국민스포츠는 프로야구라고 할 수 있지만, 전국고등학교야구선수권대회도 매우 인기가 높다.

9) 9월

9월9일은 중양절이다. 중국만큼 성대하지는 않지만 일본에서도 꽤 중시하는 절구이다. 약효가 있다고 전해지는 국화를 이용한 국화주나 국화차를 마시는 등의 풍습이 있어 「국화절」이라고도 한다.

9월은 음력으로 대략 8월에 해당하며 음력 8월15일의 달인 중추명월을 감상하는 「달맞이」 행사를 한다. 메이지유신 이래로 거의 모든 행사가 양력으로 바뀌었지만 이 달맞이 행사만큼은 바꿀 수가 없다. 달이 떠야 하기 때문이다.

음력 8월15일에 뜨는 달을 한국에서는 「중추명월(仲秋明月)」로 표기하는 경우가 많고, 일본에서는 「중추명월(中秋明月)」로 표기한다. 전자는

가을의 두 번째 달이라는 뜻이고, 후자는 가을의 한 가운데 달이라는 뜻으로 「십오야(十五夜)」라고도 한다. 달맞이 행사 때는 억새풀을 장식하거나 달맞이 경단, 감자, 토란, 밤 등을 먹으면서 달맞이 술을 마시기도 한다. 억새풀은 일본의 가을을 상징하는 대표적인 일곱 화초 중의 하나이다.

10) 10월

10월1일에는 하복에서 동복으로 복장을 바꾸는 「고로모가에(衣替え)」가 있다. 학교나 관공청, 은행과 같이 정해진 유니폼을 입는 곳에서는 이날 일제히 의복 체인지가 이루어진다.

10월은 운동회의 계절이다. 도쿄올림픽의 개최를 기념하여 10월의 제2월요일은 국경일인 「스포츠의 날」로 정해져 있다. 1964년에 개최된 첫 도쿄올림픽은 위성 생중계가 시작된 대회로 유명하고 픽토그램이 사용된 최초의 올림픽으로도 유명하다. 각종 학교에서는 10월에 운동회나 체육대회를 개최하는 경우가 많다.

11) 11월

11월3일은 「문화의 날」로 국경일이다. 일본국헌법이 공포된 날을 기념하는 날인데, 이날 특히 중고등학교에서는 1년 중에서 가장 큰 학교행사라고 할 수 있

는 문화제가 성대하게 열린다.

문화제 때는 여러 가지의 행사가 열리는데 평상시에 갈고 닦은 기량을 마음껏 뽐내는 날이기도 하다. 천황이 수여하는 문화훈장의 수여식도 이날 하게 된다.

11월15일은 「시치고산(七五三)」이라는 어린아이를 위한 행사가 있다. 이날은 곳곳에서 예쁘게 차려입은 어린아이들의 모습을 볼 수 있다. 남자아이는 세 살과 다섯 살, 여자아이는 세 살과 일곱 살 아이들이 대상이다.

11월은 단풍놀이의 계절이기도 하다. 단풍놀이는 원래 10월의 행사이지만 이것은 음력을 기준으로 하였을 때의 얘기이고 현재는 11월에 하는 경우가 많다.

12) 12월

12월은 1년의 활동을 정리하고 새해를 맞이할 준비를 하는 달인데, 주로 연말행사의 이미지가 강하다. 12월31일을 특히 「오미소카(大晦日)」라고 한다. 섣달그믐날에 해당한다. 이날 밤에는 「도시코시소바」라고 하여 해 넘기기 메밀국수를 먹는 풍습이 있다.

섣달그믐날에는 홍백노래자랑을 빼놓을 수 없다. 홍백노래자랑(紅白歌合戦)은 일본에서 가장 오래된 대형 음악프로그램이다. 일본방송협회(NHK)가 1951년부터 매년 연말에 방송하고 있는 남녀대항 프로그램으로 2022년12월31

일에 제73회를 방송하였다. 보통 네 시간 반을 방송한다.

이 방송에 나오게 되면 가수로서 최고의 영예로 생각할 만큼 대단한 영향력을 갖고 있는 프로그램으로 연말에 이 방송을 봐야 한해가 끝나고 새해를 맞이하는 느낌이 들 만큼 거의 습관화되어 있다.

여기에 한국의 가수들도 일본에서 활약하여 인정을 받고 선정이 되는 경우가 있다. 그래서 일본의 홍백노래자랑에 나온 한국 가수를 살펴보도록 한다.

한국가수는 1980년대 후반에서 1990년대 초반까지 세 명의 가수가 크게 활약한다. 맨 처음에 등장한 가수는 조용필로 네 번 출연하였다. 계은숙이 일곱 번 출연하여 가장 많이 등장하였고, 김연자가 세 번 출연하였다. 이밖에 패티김이 한 번 나왔다.

2000년대에는 보아가 6년 연속으로 나왔고, 동방신기가 세 번 나왔다. 가장 최근에는 트와이스가 세 번 연속으로 출연하였다. 이 밖에 이정현, 류, 카라, 소녀시대가 각각 한 번씩 등장하였다.

제71회인 2020년에는 한일합작으로 탄생시킨 일본인 그룹 Niziu(니쥬)가 출연하여 「Make you happy」를 불렀고, 2021년에는 「Take a picture」를 불렀다. 2022년에는 한국의 걸그룹 아이브와 르세라핌이 처음으로 출연하였고 트와이스가 네 번째 출연하였다. 니쥬도 3년 연속으로 출연하였다.

홍백노래자랑이 끝나면 제야의 종이 울려 퍼진다. 제야의 종은 33번 치는 한국과 달리 108번을 친다. 인간이 가진 108가지의 번뇌를 씻어낸다는 뜻이 담겨 있다. 마지막 한 개는 새해가 되고 나서 치고 새해를 시작하게 된다. 여기에는 또 하나의 설이 있다. 1년은 12달이고, 24절기가 있으며 72후가 있기 때문에 이를 합치면 108이 된다. 즉, 1년을 나타내는 의미로 108번을 친다는 설도 있다.

◉ 봄의 7가지 화초 (**春の七草**)

일본인의 계절감을 알 수 있는 풍습에 봄과 가을을 대표하는 화초 7가지와 관련된 것이 있다.

봄의 7가지 화초는 새해 7일에 채취하여 칠초죽(七草粥=ななくさがゆ)을 끓여 먹을 때 사용하는 식물을 말한다. 여기에서 말하는 봄을 대표하는 일곱 가지 화초는 미나리(芹=せり), 냉이(薺=なずな), 떡쑥(御形=ごぎょう), 별꽃(繁縷=はこべ, はこべら), 광대나물(仏の座=ほとけのざ), 순무(菘=すずな), 무(蘿蔔=すずしろ)이다.

1월7일은 새로운 해를 맞이하여 설날 기분이 아직 남아 있는 시기로 인일(人日)이라고 하여 다섯 명절 중의 하나로 꼽힌다. 이날에는 칠초죽을 끓여 먹는 전통적인 풍습이 있는데 사악한 기운을 없애고 한 해의 무병장수와 오곡풍양을 기원하는 의미가 있다. 또한 기름진 설날 요리로 힘들어진 위를 편안하게 쉬게 하는 실질적인 의미도 내포하고 있다.

원래는 음력이었는데 지금은 양력을 사용하기 때문에 계절감에 차이가 있기는 하지만 칠초죽을 먹는 풍습은 지금도 남아 있어서 이 시기가 되면 시장 등에서 재료를 판매하는 모습을 많이 볼 수 있다.

◉ 가을의 7가지 화초 (秋の七草)

가을을 상징하는 7가지 화초가 있다. 싸리(萩=はぎ), 참억새(薄=すすき), 칡(葛=くず), 패랭이꽃(撫子=なでしこ), 마타리(女郎花=おみなえし), 등골나무(藤袴=ふじばかま), 도라지(桔梗=ききょう)가 가을을 상징하는 일곱 가지 화초이다.

봄의 7가지 화초는 무병장수를 기원하며 칠초죽을 끓여 먹지만, 가을의 7가지 화초는 기본적으로 관상용으로 즐기는 식물이다. 따라서 가을의 일곱 화초는 봄을 상징하는 화초에 비하여 인식도는 상대적으로 낮다. 그러나 가을을 상징하는 화초는 보고 즐길 뿐만 아니라, 약용 등 실용적인 화초로서 예로부터 일본인에게 친숙한 것이 선정되어 있다는 특징이 있다. 예를 들면 칡뿌리를 건조시켜서 만든 갈근탕(葛根湯)은 전통적인 민간 치료약으로서 감기 등의 증세에 사용되어온 약재이다.

일본여성의 청초함을 형용할 때「야마토나데시코(大和撫子)」라는 표현을 사용하는데 이때의「나데시코」가 패랭이꽃이다.「야마토」는 일본의 또 다른 이름이다.「오미나에시(女郎花)」로 불리는 마타리는 미녀를 압도할 만큼의 아름다운 꽃이라는 뜻으로 붙여진 이름인데 해독, 진통, 이뇨 등의 작용이 있다고 알려져 있다. 길경(도라지)은 우리나라의 한방에서도 많이 쓰는 약재로 거담제나 기침약으로 사용되고 있다.

◉ 다섯 명절(五節句)

다섯 명절은 음양오행설에 입각하여 일본에 정착한 전통적인 연중행사 중에서 에도막부가 다섯 개를 선정하여 공적인 행사로 정한 것을 말한다. 그것이 1월7일의 칠초절, 3월3일의 복숭아절, 5월5일의 창포절, 7월7일의 조릿대절, 9월9일의 국화절이다. 한자표현으로는 각각 인일(人日), 상사(上巳), 단오(端午), 칠석(七夕), 중양(重陽)에 해당한다. 1, 3, 5, 7, 9라는 양(陽)의 숫자가 중심임을 알 수 있다.

칠초절은 칠초죽을 끓여 먹는 풍습이 남아 있지만, 1월의 명절 하면 보통은 1월1일의 설날을 가리킨다. 복숭아절인 3월3일은 히나마쓰리라는 여자아이를 위한 어린이날의 행사를 한다. 5월5일은 단오절로 더 많이 알려져 있고 한국에서도 창포로 머리를 감는 행사가 있으니 이해하기 쉬울 것이다. 7월7일은 조릿대절이라고 아는 사람보다도 칠석이라고 알고 있는 경우가 많다. 단, 한국에서는 지금도 음력 7월7일이지만 일본에서는 양력 7월7일이 칠석이다. 9월9일의 중양절에는 국화주를 마시는 풍습이 전해오고 있다.

◉ 일본의 국경일(国民の祝日)

일본의 국경일은 「국민의 축일(国民の祝日)」이라고 하는데 1년에 16일 있다. 공휴일로 지정이 되어 있기 때문에 쉬는 날이다. 만일 국경일이 일요일과 겹칠 때에는 그 다음날인 월요일이 휴일이 된다. 이를 대체휴일(振替休日)이라고 한다.

1월에는 1월1일의 설날(元日)과 1월 제2월요일의 성인의 날(成人の日)이 있다. 성인의 날은 원래 1월15일이었는데 해피먼데이제도에 의해 두 번째 월요일이 되었다. 해피먼데이제도란 공휴일의 일부를 종래의 고정된 날에서 특정한 주의 월요일로 이동시킨 제도를 말한다. 주5일제근무가 정착되면서 토요일, 일요일과 더불어 3연휴로 하여 휴가를 여유 있게 보내도록 하자는 취지에서 제정되었다.

2월에는 건국기념의 날과 천황탄생일이 있다. 건국기념의 날은 일본의 신화상 초대 천황으로 되어 있는 진무천황이 즉위하였다고 하는 기원전 660년의 2월11일을 일본이 건국된 날로 정하여 경축일로 삼은 것이다. 천황탄생일은 2월23일인데 천황탄생일은 천황이 바뀔 때마다 날짜도 바뀐다.

3월에는 21일경에 춘분의 날이 있고, 4월29일은 쇼와의 날이다. 5월이 되면 연휴가 이어진다. 5월3일은 헌법이 시행된 날을 기념한 헌법기념일, 5월4일이 녹색의 날, 5월5일이 어린이날이다. 4월29일부터 5월초에 이르는 구간에는 공휴일이 몰려 있고 이들과 주말이 잘 맞아떨어지면 열흘 정도의 긴 휴가기간이 발생한다. 그래서 이때를 골든위크라고 한다. 6월에는 공휴일이 없다.

7월에는 제3월요일이 바다의 날이다. 원래는 7월20일이었으나 해피먼데이제도에 의해 원래 날짜에 가장 가까운 세 번째 월요일로 이동하였다. 8월11은 산의 날이다. 2016년에 새롭게 공휴일이 되었다.

9월에는 해피먼데이제도에 의해 제3월요일이 경로의 날이고 23일경이 추분의 날이다. 이들과 주말을 잘 활용하면 조금 긴 휴가를 즐길 수 있는데 봄의 골든위크에 대비하여 이때를 실버위크라고 한다.

10월에는 제2월요일에 스포츠의 날이 있다. 원래는 1964년10월10일에 실시된 도쿄올림픽의 개회식을 기념하여 이날을 체육의 날로 정하였는데 월요일로 이동하였다. 2020년부터는 2020도쿄올림픽과 더불어 스포츠의 날로 개명되었다.

11월에는 3일에 문화의 날이 있고, 23일에는 근로감사의 날이 있다. 문화의 날은 일본국헌법이 공포된 날을 기념하여 만든 공휴일인데 지금은 헌법과는 아무 상관없이 각종 학교, 특히 중고등학교에서는 문화의 날 행사로 학예회를 성대하게 개최하는 곳이 많다. 12월에는 공휴일이 없다. 정리하면 다음과 같다.

〈일본의 국경일〉

1월1일	설날(元日)
1월 제2월요일	성인의 날(成人の日)
2월11일	건국기념의 날(建国記念の日)
2월23일	천황탄생일(天皇誕生日)
3월21일경	춘분의 날(春分の日)
4월29일	쇼와의 날(昭和の日)
5월3일	헌법기념일(憲法記念日)
5월4일	녹색의 날(みどりの日)
5월5일	어린이날(こどもの日)
7월 제3월요일	바다의 날(海の日)
8월11일	산의 날(山の日)
9월 제3월요일	경로의 날(敬老の日)
9월23일경	추분의 날(秋分の日)
10월 제2월요일	스포츠의 날(スポーツの日)
11월3일	문화의 날(文化の日)
11월23일	근로감사의 날(勤労感謝の日)

2. 24절기

2.1 24절기란

일본인의 계절감을 나타내는 것에 24절기(二十四節気)라는 것이 있다. 24절기는 태양의 움직임인 황도를 24등분하여 계절감을 나타낸 것이다. 이는 중국에서 시작되어 한국에서도 사용하고 있는 것이기 때문에 알아 두면 매년 반복되는 우리 생활의 단면에 대한 상식의 폭을 넓힐 수 있다.

계절은 태양의 움직임에 영향을 받는다. 달이 차고 기움을 기준으로 한 태음력으로는 태양의 운행에 따른 계절의 변화와 기본적으로 맞지 않는다. 또한 태양의 움직임에 달의 순환을 접목시킨 태양태음력도 엄밀하게 말하면 해마다 찾아오는 계절과 날짜가 어긋나게 되고 해에 따라서는 한 달 정도나 차이가 나는 경우도 있기 때문에 계절에 대한 기준점이 되기는 힘들다. 그래서 고대 중국에서 태양력을 중심으로 고안된 것이 24절기이고, 이를 달력에 표시하여 계절의 지표로 삼게 된 것이다.

24절기를 만든 가장 큰 목적이자 이를 가장 잘 활용하는 것은 농업 분야이다. 농사는 기후에 직접적인 영향을 받기 때문에 계절의 순환을 잘 이해하고 거기에 맞게 대응해야 되기 때문이다. 물론, 계절의 변화에 따라 우리의 삶의 형태가 변화하고 거기에 맞게 움직이는 것은 누구에게나 필요한 일이기도 하다.

여기에서 이해를 하고 가야 되는 것은 태양의 움직임을 중심으로 24절기를 구분하였다고 하여 천동설이나 지동설로 해석하려고 해서는 안 된다는 것이다. 어디까지나 사람이 살고 있는 지구에서 보았을 때 태양이 순환하는 것으로 보이는 길인 황도를 1년을 기준으로 24등분하여 계절에 맞게 분류한 것이다.

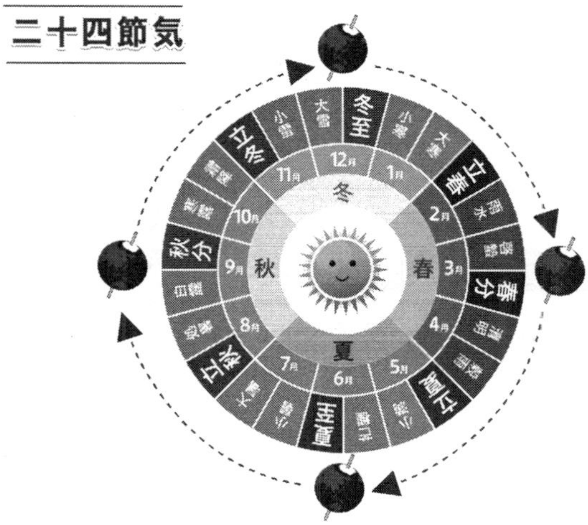

2.2 24절기의 성립

24절기는 태양의 움직임을 기준으로 하고 있다. 지구에서 관측자를 중심으로 보았을 때 하늘에서 태양이 이동하는 둥근 원으로 보이는 천구(天球)상의 길인 황도(黃道)를 24등분한 것이 24절기이다.

둥근 원인 황도를 2지(二至)인 하지(夏至)와 동지(冬至)로 2등분한다. 그것을 다시 춘분(春分)과 추분(秋分)으로 2분(二分)하면 4등분된다. 그 중간에

4립(四立)인 입춘(立春), 입하(立夏), 입추(立秋), 입동(立冬)을 넣으면 8절(八節)이 된다. 1절은 45일인데 이것을 15일씩 3등분하면 24절기가 되는 것이다. 더 나아가 한 절기를 5일씩 3등분하면 72후(七十二候)가 되는데 이렇게 하면 절후(節候)가 된다.

24절기는 매년 같은 시기에 같은 절기가 찾아온다. 양력이 기준이기 때문이다. 그리고 절기의 간격이 거의 일정하여 반달마다 계절의 변화에 대응할 수 있기 때문에 날씨에 좌우되는 농업의 기준으로 매우 편리한 것이었다. 계절을 알 수 있는 기준이 되기 때문에 날씨나 생물의 모양새를 나타내는 이름이 붙여져 지금도 연중행사나 계절인사 등 여러 장면에서 활용되고 있다.

2.3 각 절기의 의미

각 절기의 기간은 약 15일인데, 매년 같은 날짜라고는 한정할 수 없기 때문에 각 해의 달력 등을 참조하는 것이 좋다. 예를 들면 달력에 「2월4일 입춘」「2월19일 우수」라고 기재가 되어 있으면 우리는 그 날짜만을 의미하는 것으로 알기 쉽지만 실제는 2월4일부터 2월18일까지가 입춘인 것이다. 단, 이것은 원래 중국에서 만들어진 것이기 때문에 일본이나 한국의 시기와 계절적으로 딱 맞는 것은 아니다. 중국도 지역에 따라 계절적인 차이가 많이 난다.

【입춘(立春 : りっしゅん)】: 2월4일경

24절기의 최초의 절기로, 이날부터 달력상으로는 봄이 되어 각종 행사나 시기를 구분할 때의 기준점이 된다. 음력으로는 입춘 무렵에 설날이 찾아오기 때문에 입춘은 봄의 시작이기도 하고 1년의 시작이기도 하였다. 아직 추위는 혹독하지만 입춘을 지나고 나서 처음으로 남쪽 방향에서 불어오는 강한 바람을「하루

이치방(春一番)」이라고 한다. 하루이치방은 보통 2월말에서 3월초에 불게 되는데 하루이치방이 불면 그 지역에서는 실제로 봄이 왔음을 느끼게 된다.

【우수(雨水 : うすい)】 : 2월19일경

내리던 눈이 비로 바뀌고 쌓인 눈도 녹기 시작하는 시기라는 뜻이다. 실제로는 아직 눈이 쌓인 곳도 많고 앞으로도 눈이 더 내리는 지역이 있을 수는 있지만 졸졸 흐르기 시작하는 눈 녹은 물을 보면 봄이 다가오고 있음을 알 수 있다.

【경칩(啓蟄, 驚蟄 : けいちつ)】 : 3월6일경

한국에서는 「경칩(驚蟄)」을 쓰는데 일본에서는 「啓蟄(계칩)」이라는 한자를 더 많이 쓴다. 일본어로는 두 한자어가 발음이 같고 의미도 상통하는 바가 있기 때문이다. 「경(驚)」은 봄이 왔음을 눈치 채고 깜짝 놀란다는 뜻이고 「계(啓)」는 그래서 둥지를 열고 나온다는 뜻이다. 또한 여기에서의 「칩(蟄)」은 땅속에 틀어박혀 있던 개구리나 뱀과 같은 동물을 뜻한다. 얼었던 땅이 녹고 겨울잠을 자던 동물들이 잠에서 깨어 구멍을 나와 얼굴을 내미는 시기이다. 비가 한 번 올 때마다 따뜻해지고 햇살도 봄다워지며 생물체가 기지개를 켜고 다시 활동을 시작한다.

【춘분(春分 : しゅんぶん)】 : 3월21일경

밤낮의 길이가 거의 같아지는 날로, 이날을 경계로 낮이 길어진다. 늦겨울의 추위나 꽃샘추위가 있을 수 있기 때문에 따뜻해졌다고는 하지만 방심은 할 수 없다. 옛날 사람들은 이날을 「자연에 감사하고 봄을 축복하는 날」이라고 생각하였다. 겨울잠을 자던 동물이 움직이기 시작하고, 사람들의 생활에도 새로운 희망과 활력과 생기가 돋는 시기이기 때문이다. 일본에서는 「자연을 칭송하고 생물을 소중히 하는 날」로서 공휴일로 지정되어 있다.

【청명(清明 : せいめい)】 : 4월5일경

청명은 「청정명결(清浄明潔)」을 줄인 말로, 만물이 더럽혀지지 않고 청아하며 생동감이 넘친다는 뜻이다. 꽃이 피고 새가 지저귀며 하늘은 파랗게 맑고 상쾌한 바람이 불며 모든 것이 봄의 숨결을 구가하는 시기이다. 일본에서는 각지에서 벚꽃놀이 시즌을 맞이한다.

【곡우(穀雨 : こくう)】 : 4월20일경

봄의 잔잔한 비에 농작물이 촉촉해진다는 뜻이다. 이 시기에 농작물의 씨앗을 뿌려 두면 적당한 비의 혜택을 받으며 잘 성장하게 된다.

【입하(立夏 : りっか)】 : 5월6일경

이날부터 입추 전날까지가 달력상으로는 여름이 된다. 신록으로 물들고 맑게 갠 날씨가 이어지는 계절이다. 일본에서는 이때가 골든위크의 시기에 해당하기 때문에 레저를 즐기러 나가기에도 딱 좋은 기후이다.

【소만(小満 : しょうまん)】 : 5월21일경

양기가 좋아지고 초목이 성장하여 우거지는 시기이다. 농가에서는 모내기 준비를 시작하는 때이다. 동물이나 식물에도 활기가 넘친다. 가을에 뿌린 보리의 이삭이 맺힐 무렵이어서 곡식이 떨어져 갈 무렵에 안심할 수 있고 조금은 만족할 수 있다는 뜻이 담겨 있다.

【망종(芒種 : ぼうしゅ)】: 6월6일경

망종은 이삭 끝에 털과 같이 뾰족한 부분이 있는 것이 특징인 볏과식물의 씨를 뿌린다는 뜻으로 벼와 같은 곡물의 씨를 뿌리는 시기를 나타낸다. 모내기의 기준점이 되고 농가는 매우 바쁜 철을 맞이한다. 장마철이 다가오는 무렵이기도 해서 약간 무더움을 느끼게 되는 때이다.

【하지(夏至 : げし)】: 6월21일경

북반구에서는 태양이 가장 높게 뜨고 1년 중에서 낮이 가장 긴 날이다. 단, 일본에서는 장마철이기도 해서 햇볕이 비추는 시간이 짧아 해가 가장 길다는 것을 체감하지 못하고 지나가는 경우도 많다. 달력상으로는 여름의 중간 지점에 해당하고 하지를 지나게 되면 더위가 몰려와 본격적인 여름이 찾아온다.

【소서(小暑 : しょうしょ)】: 7월7일경

더위가 점점 더해간다는 뜻으로 장마도 곧 끝나게 되고 습기가 많기는 하지만 여름의 열기를 느끼게 되는 계절이다. 산이나 바다로 나가기에도 좋은 시기이다. 일본에서는 소서와 다음의 대서를 합친 약 1개월간을「서중(暑中)」이라고 하여「서중문안편지」를 보내는 기간으로 되어 있다.

【대서(大暑 : たいしょ)】 : 7월23일경

본격적인 여름 더위가 시작된다는 뜻인데, 학생들 입장에서는 여름방학에 들어가는 시기이기도 하다. 농가의 입장에서는 논밭의 김매기, 병충해 방제와 같은 더위 속에서도 해야 할 작업이 많아 매우 힘든 시기이다. 일본에서는 한국의 복날에 해당하는 「도요(土用)의 축일(丑の日)」이 들어 있어 무더위의 영양보충을 위해 장어요리를 먹는 풍습이 있다. 「도요(土用)」를 한국어로는 「토왕(土旺)」이라고 하는데 그렇게 많이 쓰는 용어는 아니다.

【입추(立秋 : りっしゅう)】 : 8월7일경

혹독한 더위는 이어지지만, 이날부터 달력상으로는 가을에 들어간다. 이날부터는 조금씩 더위가 누그러지고 가을의 느낌이 조금씩 나기 시작하는 시기이다. 일본에서는 입추가 지나면 「서중문안편지」가 「잔서(残暑)문안편지」로 바뀌어 소식을 전하기도 한다.

【처서(処暑 : しょしょ)】 : 8월23일경

더위가 진정된다는 뜻으로 낮 시간에는 덥지만 아침저녁으로는 시원함을 느낄 수 있어 가을이 다가옴을 알 수 있다. 여름방학도 거의 끝나간다. 태풍이 발생하기 시작하는 시기이기도 하다.

【백로(白露 : はくろ)】 : 9월8일경

완연한 가을이 되어 화초에 아침이슬이 맺히기 시작할 무렵이라는 뜻이다. 천

고마비의 계절로 하늘에 떠 있는 구름에서도 가을을 느낄 수 있을 만큼 본격적인 가을이 도래한다. 결실의 가을인데 수확하기 전의 과실이 태풍으로 피해를 입을까 걱정되는 시기이기도 하다.

【추분(秋分 : しゅうぶん)】: 9월23일경

낮과 밤의 길이가 같아지는 날로 이날을 경계로 해서 낮이 짧아지고 밤이 길어지게 된다. 더운 날은 줄어들고 대신에 쌀쌀함을 느끼는 날이 늘어난다. 아직 여름 더위는 남아 있지만, 조금씩 가을로 이동하고 있음을 느낄 수 있다. 일본에서는 가을의 일곱 가지 화초가 모두 피는 계절이기도 하다.

【한로(寒露 : かんろ)】: 10월8일경

초목에 차가운 이슬이 맺히는 시기라는 뜻이다. 가을철에 내리는 긴 비도 끝이 나고 가을이 한층 깊어진다. 벼 베기도 끝나고 다른 농작물의 수확도 한창때를 맞이한다. 북쪽에서부터 단풍 소식이 들려오기 시작한다.

【상강(霜降 : そうこう)】: 10월23일경

이른 아침에 서리가 내리기 시작하는 시기라는 뜻이다. 늦가을을 맞이하여 북쪽에 있는 산들은 단풍으로 물들게 된다.

【입동(立冬 : りっとう)】: 11월7일경

이날부터 입춘 전날까지가 달력상으로는 겨울이 된다. 찬바람이 불고 겨울이 찾아오고 있음을 느낄 수 있는 시기이다. 찬바람이 부는 것은 겨울로 들어간다는 증거이기도 하다. 태양의 열기도 약해지고 해도 짧아지며 나무숲의 마른 가지도 눈에 많이 띄게 된다.

【소설(小雪 : しょうせつ)】: 11월22일경

나무에서 낙엽이 지고 산에는 첫눈이 내리기 시작할 무렵이다. 「소설」이란 겨울이라고는 하더라도 눈은 그다지 많지 않다는 의미로 겨울로 들어가는 입구에 해당한다.

【대설(大雪 : たいせつ)】: 12월7일경

산봉우리는 눈을 뒤집어쓰고 평지에도 눈이 내리는 시기이다. 본격적인 겨울이 도래한 것으로 동물도 겨울잠을 시작한다. 연말이 다가오기 때문에 밀린 일을 하고 설날 준비를 시작하는 등 여러 가지로 분주한 시기이기도 하다.

【동지(冬至 : とうじ)】: 12월22일경

태양이 가장 낮은 위치에 있으며 1년 중에서 밤이 가장 길고 낮이 가장 짧은 날이다. 태양의 힘이 가장 약해지는 날이지만, 다음날부터 재차 강해지기 때문에 운이 찾아온다고 간주되고 있다. 동지 팥죽을 먹는 풍습은 일본이나 한국이 동일한데 한국의 전통이 더 뿌리 깊게 남아 있는 것 같다. 단, 한국의 팥죽에는 새알심이 들어가는 경우가 많은데 일본은 팥이 들어간 쌀죽의 형태가 많다. 일본에서는 동짓날에 동지 팥죽 이외에도 삶은 호박을 먹고 유자 욕탕에 들어가는 등 액막이나 무병장수를 기원하는 풍습이 있다.

【소한(小寒 : しょうかん)】 : 1월5일경

연못이나 강의 얼음도 두꺼워지고 추위가 혹독한 때이다. 일본에서는 이날부터 본격적인 겨울 추위가 시작된다고 간주한다. 소한과 다음의 대한을 합친 약 1개월을 「한중(寒中)」이라고 해서 「한중문안편지」를 보내는 시기로 여겨지고 있다.

【대한(大寒 : だいかん)】 : 1월20일경

추위가 기승을 부려서 강추위가 가장 매서운 때이다. 그러나 24절기의 마지막 절기이기 때문에 여기를 잘 극복하면 이제 곧 봄이 찾아온다. 일본에서는 한기를 이용한 얼린 두부라든지 우무, 술이나 된장 같은 음식물을 담그는 시기에도 해당한다.

3. 신어유행어대상

신어와 유행어를 통하여 일본의 사회를 살펴보도록 하자. 신어는 새로 생겨난 말을 가리키고, 유행어는 원래 있었던 말이 특정한 시기에 유행을 타게 되는 용어이다. 신어가 바로 유행어가 되는 경우도 있다. 신어를 한국에서는 주로 신조어로 표현한다.

언어란 시대의 흐름에 따라 변화를 거듭하는 것이어서, 어떤 말은 시간이 지나가면서 사라지는 경우도 있고, 또 어떤 말은 새로 생겨나기도 한다. 일본어의 경우도 마찬가지여서 특히 젊은이를 중심으로 신조어가 생겨나기도 하고 세대와 상관없이 사회 전체를 대변할 수 있는 유행어가 등장하기도 한다.

일본에서 사용되고 있는 신어와 유행어 등의 면모를 통해 일본의 사회를 살펴볼 수 있는 좋은 자료가 있다. 그것은 매년 시행하고 있는「신어유행어대상」이다. 일본에서는 한해에 가장 영향력 있었던 용어를 선정하여 연말에 시상하는「신어・유행어대상(新語・流行語大賞)을 매년 실시하고 있다.「신어・유행어대상」이란 한 해 동안에 발생한 각종 용어 중에서, 기묘하게 세태를 반영한 표현이라든가, 널리 대중의 눈이나 입, 귀를 떠들썩하게 했던 신어나 유행어를 선정함과 동시에, 그 용어에 깊숙이 관련된 인물이나 단체를 매년 표창하는 것이다.

이 대상은 1984년에 시작되었고, 발표는 매년 12월 상순에 한다. 용어는 매년 10~15개 정도가 선정되며「대상」및「톱텐」으로 구성되어 있다.

각각의 해에 선정된 용어를 보면 그 시대를 읽을 수 있다. 여기에서는 한해에 하나씩 그 해를 대표할 만하다고 판단되는 용어를 간단한 설명과 함께 싣도록 한다. 기억에 남는 것을 찾아보는 것도 좋을 것이다.

3.1 1980년대～1990년대

제1회(1984년)【千円パック】: 천엔 팩

독극물 협박 사건에 대항하기 위한 안전한 과자 팩. 1200엔 어치의 과자를 완전 밀봉하여 1000엔에 판매하면서 신용을 회복하고자 하였다.

제2회(1985년)【100ドルショッピング】: 100달러 쇼핑

세계에서 오로지 혼자만 잘나가는 일본이 무역마찰 해소를 위해 1인당 100달러씩 외제품을 사기로 한 운동이다.

제3회(1986년)【ファミコン】: 패미컴

텔레비전게임 상품인 「패밀리 컴퓨터」를 줄인 「패미컴」은 공전의 히트를 기록하면서 뉴미디어 산업의 여명을 암시하였다.

제4회(1987년)【朝シャン(モーニング・シャンプー)】: 아침샴푸

저녁에 목욕을 하는 습관이 있는 일본인에게는 생소한 아침에 샴푸를 하자는 선전이 여고생을 중심으로 확대되어 신조어가 되었다.

제5회(1988년)【しょうゆ顔・ソース顔】: 간장 얼굴, 소스 얼굴

시대가 변하여 여성이 남성을 품평하는 시대가 도래하였다. 젊은 여성들 사이에서 일본식 얼굴을 한 간장형 얼굴과 조각 같은 모델형의 소스형 얼굴이 대표적으로 분류되었다.

제6회(1989년)【『壁』開放】: 장벽 개방

페레스트로이카 노선에 의해 베를린장벽이 제거되는 역사적인 장면은 동서 냉전구조의 붕괴를 상징하면서 전 세계로 생중계되었다.

제7회(1990년)【アッシーくん】: 앗씨쿤

심야에 여성의 전화 한 통으로 자동차를 몰고 달려와 여성의 이동수단, 즉 발이 되어주는 남성으로, 밥을 사주는 멧시쿤, 돈을 갖다 주는 미쓰구쿤 등, 이와 유사한 종류의 남성이 여러 가지 형태로 존재하였다.

제8회(1991년)【地球にやさしい】: 지구에 착하다

앞으로는 환경문제가 가장 중요한 문제가 될 것이라는 인식이 사회적으로 확대되는 계기가 된 명명이다.

제9회(1992년)【謝長悔長】: 사장 회장

버블경제가 붕괴되면서 여기저기에서 경영 총수들이 머리를 조아리는 모습이 일상화된 광경을 사과하는 사장, 후회하는 회장이라는 뜻으로 창작한 사자숙어이다.

제10회(1993년)【2500円スーツ】: 2500엔 양복

버블경제가 붕괴된 후에 가격파괴의 상징적인 것이 한 벌 2500엔에 판매하는 양복으로 지금까지의 거품을 실감케 하는 표현이 되었다.

제11회(1994년)【就職氷河期】: 취직빙하기

1994년의 대졸취직난은 사회문제가 되었고「취직빙하기」로 명명되었다. 그런데 일본이 이토록 심각해 했던 이 해의 대졸 취업률은 70.5%였다. 한국과 비교하면 행복한 고민으로 보이지만 100%에 육박하는 평년과 비교하면 일본으로서는 심각한 상황인 것은 맞다.

제12회(1995년)【インターネット】: 인터넷

컴퓨터의 글로벌 네트워크를 통하여 인터넷이라는 용어가 일상화되기 시작하면서 실시간으로 국가간 커뮤니케이션이 가능하게 되었다.

제13회(1996년)【ルーズソックス】: 루즈삭스

이때는 헐렁헐렁한 양말이 여고생들의 패션으로 등장하여 거의 모든 여고생들이 신을 만큼 압도적인 유행을 탔다.

제14회(1997년)【たまごっち】: 다마고치

계란을 닭으로 성장시키는 게임기가 대히트를 기록하였다. 일본뿐만 아니라 세계적으로도 확대되어 품귀현상이 발생할 정도였다.

제15회(1998년)【環境ホルモン】: 환경호르몬

생태계를 교란시키는 「내분비교란화학물질」을 「환경호르몬」으로 명명하여 여러 분야에서 환경호르몬이 회자되었고 지금은 일반용어가 되었다.

제16회(1999년)【西暦2000年問題】: 서기 2000년 문제

영어로는 Y2K(year two kilo) 문제이다. 2단위 체제인 컴퓨터에서 00년인 2000년을 인식 못할 것이라는 우려였는데 다행히 해결되었다.

3.2 2000년대～2020년대

제17회(2000년)【ジコチュー(ジコ虫)】: 자기중심주의자

남을 배려하지 못하는 자기중심주의자들을 일본어로 발음이 같은 벌레에 비유한 캠페인으로 여러 종류의 벌레 같은 인간들이 있었다.

제18회(2001년)【ブロードバンド】: 브로드밴드

고속으로 대용량의 정보를 송수신할 수 있는 인터넷 회선으로 인터넷 송수신 역량의 고속화를 촉진하였다.

제19회(2002년)【ダブル受賞】: 더블 수상

한 해에 두 사람이 노벨상을 수상하기는 처음 있는 일이었다. 특히 현장 연구소에서 일하던 다나카 고이치의 수상이 화제가 되었다.

제20회(2003년)【バカの壁】: 바보의 벽

「도쿄대생은 바보가 되었는가」 등, 바보 같은 인간에 대한 사회현상을 꼬집는 서적이 크게 히트하였다.

제21회(2004년)【冬ソナ】: 겨울연가

드라마 「겨울연가」가 일본의 중년 여성층에서 대단한 지지를 얻으면서 한류(韓流)의 촉매제가 되었다.

제22회(2005년)【ブログ】: 블로그

「Web-log」의 약칭인 블로그가 종전보다 훨씬 간편하고 저비용으로 활용할

수 있어서 일반화되기 시작하였다.

제23회(2006년)【格差社会】: 격차사회

일본인 전체가 중류의식을 가진 지금까지의「1억 총중류」라는 개념이 무너지고 소득과 교육, 직업 등 다양한 분야에 있어서 사회적인 격차가 벌어지게 되었다.

제24회(2007년)【猛暑日】: 혹서일

하루의 최고기온이 35도 이상인 날을 가리키는 새로운 용어로 기상청이 발표하였다. 한국어음으로 읽으면「맹서일」이지만「혹서일」이 더 적합할 것으로 보인다.

제25회(2008년)【後期高齢者】: 후기고령자

국가가 75세 이상의 고령자를 가리켜 붙인 명칭인데 명칭에 대한 반발이 심했다.「장수(長寿)」로 바꾸어 보기도 하였다.

제26회(2009년)【草食男子】: 초식남

협조적이며 자상하지만 연애에는 무관심한 젊은 남성을 가리키는 말이다. 시대의 반영이라는 평가도 있다.

제27회(2010년)【AKB48】: AKB48

Akihabara(秋葉原)에서 비롯된 여성 아이돌 그룹으로 정예 멤버만 48명이다.「직접 만나러 갈 수 있는 아이돌」을 표방하였다. AKB48 이후, 유사한 그룹이 일본 각지와 동남아 등지에서도 생겨났다.

제28회(2011년)【スマホ】: 스마트폰

컴퓨터와 유사한 기능을 갖고 인터넷에 직접 접속할 수 있는 휴대전화인 스마트폰이 보급된 원년으로 전해진다.

제29회(2012년)【東京ソラマチ】: 도쿄소라마치

도쿄스카이트리의 전망대와 주변 상업시설 일대를 가리킨다. 도쿄스카이트리는 634미터의 세계에서 가장 높은 전파탑으로 기네스북에 기록되어 있다.

제30회(2013년)【ご当地キャラ】: 지역마스코트

각 지역을 상징하는 마스코트가 전국적으로 확대되었다. 히코냥, 구마몬, 후낫시 등이 특히 인기를 얻었다.

제31회(2014년)【ありのままで】: Let It Go

디즈니의 애니메이션영화「겨울왕국」에 나오는 주제곡 Let It Go를 일본어로 번역한「ありのままで(있는 그대로)」가 공전의 히트를 기록하며 여성들이 자신에 대한 응원가로 열창하였다.

제32회(2015년)【ドローン】: 드론

무인소형비행기 드론은 여러 문제점을 야기하면서도 이미 실용화가 진행되어「하늘의 산업혁명」으로까지 불렸다.

제33회(2016년)【ポケモンGO】: 포케몬 고

스마트폰을 들고 포케몬을 찾으러 다니는 게임인 포케몬 고가 세계적인 인기를 끌었다. 부정적인 측면과 긍정적인 측면이 양존하며 여러 논란이 일기도 하였다.

제34회(2017년)【インスタ映え】: 인스타그램 이미지

텍스트보다도 이미지를 중시하는 풍조가 만연하였다. 인스타그램에 올리는 한 장의 사진은 본인을 어필할 수 있는 작은 무대가 되었다.

제35회(2018년)【そだねー】: 그랑께ㅡ

평창동계올림픽에서 여자 컬링의 국가대표가 휴식시간에 보여준 인간미 넘치는 여유로운 모습은 보는 사람의 마음을 치유해주는 장면으로 회자되었다.

제36회(2019년)【令和】: 레이와

전임 천황의 퇴위에 따라 연호가 바뀌었다. 새로운 연호 레이와는 일본의 고전「만요슈」에서 따온 첫 연호로 이 해 5월1일부터 사용하기 시작하였다.

第37회(2020년)【3密】: 3밀

신종코로나바이러스의 확산을 막기 위해 피하자는 3밀「밀폐, 밀집, 밀접」은 감염 예방을 위한 주의를 환기하는 데 일조하였다.

第38회(2021년)【Z世代】: Z세대

1990년대 후반에서 2000년대에 태어난 현재 10대에서 20대 전반을 Z세대라고 한다. 스마트폰을 장난감처럼 사용하는 세대라고 할 수 있다.

第39회(2022년)【スマホショルダー】: 스마트폰 숄더

많은 고등학생이 하루에 5시간 이상 스마트폰을 사용하고 있다. 스마트폰을 조작하고 있는 것인지 스마트폰에 조작당하고 있는 것인지 애매한 상태가 되어 버렸다.

제6장

일본의 음식과 관광지

1. 일본의 음식
2. 일본의 관광지와 성
3. 일본의 축제

상식 더하기

격물치지【格物致知】

격물치지(格物致知)는 사물에 대하여 깊이 있게 연구하여 지식을 넓힌다는 뜻으로「대학(大学)」에 나오는 말입니다. 사물에 대한 기본적인 이치를 깨닫고 지식과 견문을 넓혀 가도록 노력하면 좋겠네요. 대학에 나오는 8가지 조목 중 처음에 나오는 두 가지 조목입니다.

외유내강【外柔内剛】

겉으로는 유연하고 얌전하고 약해 보이지만, 내면적으로는 줏대가 확실하고 강한 의지를 갖고 있는 것을 말합니다. 겉으로만 잘난 척 거들먹거리는 것보다 내실 있고 견실한 삶을 살아가는 것이 중요하겠지요. 진서(晋書)에 있는 말입니다.

1. 일본의 음식

일본의 대표적인 음식을 한국인에게 익숙한 것을 중심으로 10여 가지 소개하도록 한다.

1) 스시(초밥)

스시(寿司)

스시는 영어로 sushi라고 표기할 만큼 국제어가 되어 있다. 스시라는 말은 식초를 나타내는 일본어 su로 버무린 밥이「시다 : sui 또는 suppai」라는 뜻에게 유래되었다. 즉, 식초로 버무린 밥이라는 뜻이다. 한자로 표기할 때 일반적으로는「스시(寿司)」로 표기하는데 이것은 한자의 음을 빌려온 차자(아테지)이며, 원래의 글자는「스시(鮨)」이다.

스시에는 여러 가지 종류가 있다. 우리가 가장 잘 알고 있는 스시는 스시의 대표격인「니기리즈시」(생선초밥)이다. 이 외에도「이나리즈시」(유부초밥),「마키즈시」(김초밥),「치라시즈시」(비빔초밥),「오시즈시」(누름초밥) 등 다양하다. 자기가 원하는 것을 간편하게 골라서 먹을 수 있는「가이텐즈시」(회전초밥)도 인기가 많다.

2) 사시미(회)

「사시미(刺身)」는 어패류 등의 소재를 가열하지 않고 한입 크기로 먹기 좋게 잘라서 간장 등의 조미료로 맛을 더하여 먹는 일본요리이다. 영어로는 sashimi

로 표기한다. 일본요리의 코스로 나오는 사시미는 좀 더 품위 있게「오츠쿠리」라고 말하는 경우도 있다.

사시미(刺身)

사시미는 단어 앞에 종류를 나타내는 말이 오면「이카사시」(오징어회),「후구사시」(복어회),「바사시」(말고기회)와 같이 변하는 수가 있다.「육회」는 한국어를 그대로 사용하는데 일본어식 발음으로「육게」라고 한다. 사시미 자체를 주문하는 경우도 있고, 사시미를 메인으로 한「사시미정식」「사시미덮밥」등 다양한 방식으로 먹을 수 있다.

3) 스키야키(전골)

「스키야키」는 한국의 전골과 비슷한 냄비요리인데 영어로는 그대로 sukiyaki라고 한다. 지금은 냄비요리이지만 원래는 농기구인 쟁기를 나타내는「스키(鋤)」의 금속부분을 불에 달궈서 생선이나 두부 등을 익혀 먹은 데서 비롯된 말이다.「야키(焼き)」는「구이」라는 뜻이다.

스키야키(すき焼き)

일본은 메이지시대에 들어가기 전까지 오랫동안 육식이 금지되어 있었다. 그러나 배고픈 민중들은 숨어서 멧돼지나 사슴 등을 잡아먹었고, 점차 소고기도 먹게 되었다. 현재는 스키야키의 주된 내용물이 설탕과 간장 등으로 맛을 낸 소고기이다.

스키야키라는 용어와 관련해서는「스키나모노(좋아하는 것)」를 구워먹기 때문이라는 설 등, 여러 가지 설이 있는데 이것은 나중에 곁들여진 얘기이다. 한국의 전골은 일반적으로 고춧가루를 사용하지만, 일본의 스키야키는 고춧가루를 사용하지 않기 때문에 맵지 않다.

4) 샤브샤브

「샤브샤브」는 영어로도 shabu-shabu 라고 할 만큼 국제어화되어 있다. 한 입 크기로 얇게 썬 고기와 야채를 끓는 물에 살짝 데쳐서 소스에 찍어 먹는 냄비요리이다. 샤브샤브라는 용어는 이 음식이 시작되었다고 알려진 오사카의 한 식당에서 이 음식을 먹을 때 나는 소리에서 비롯된 것이다. 그 모습과 소리가 종업원이 양동이에 물수건을 헹굴 때 나는 소리와 흡사하여 붙여진 이름이라고 한다. 한국어의 「찰랑찰랑」과 비슷한 의성어이다.

샤브샤브(しゃぶしゃぶ)

5) 라면

라면은 이제 일본을 대표하는 음식의 하나가 되었다. 영어로도 일본어 발음을 따서 ramen(라멘)으로 표기한다. 루트는 중국의 면요리인데, 일본에서 개량하여 일본음식이 되었다. 짜장면의 루트도 중국인데 지금은 한국을 대표하는 중국요리가 된 것처럼 말이다.

일본은 전국 각지에 특색 있는 라면이 많다. 그중에서도 일본의 3대 라면으로 꼽히는 것은 홋카이도의 삿포로라면(札幌ラーメン), 후쿠오카현의 하카타라면(博多ラーメン), 후쿠시마현의 기타카타라면(喜多方ラ

삿포로라면(札幌ラーメン)

ーメン)이다. 주로 라면의 종류로 인식하고 있는 우리로서는 약간 생소하다.

국물의 종류로 라면을 분류하면 간장라면(しょうゆラーメン), 소금라면(しおラーメン), 된장라면(みそラーメン)이 대표가 되겠다.

이밖에도 차슈멘(チャーシューめん), 돈코츠라면(とんこつラーメン) 등이 잘 알려져 있다. 차슈멘은 라면 위에 차슈라는 편육 같은 돼지고기를 토핑해주는 라면이다. 돈코츠라면은 돼지 사골 국물을 베이스로 한 라면으로 후쿠오카현의 하카타라면을 대표한다.

차슈멘(チャーシュー麺)

일본에서 「라면(ラーメン)」이라고 하면 기본적으로 가게에서 요리해서 파는 생라면을 의미한다. 우리가 생각하는 집에서 끓여 먹는 라면은 「인스턴트라면(インスタントラーメン)」이라고 한다. 컵라면은 「컵라면(カップラーメン)」 또는 「컵면(カップめん」이라고 한다.

6) 오뎅(어묵)

오뎅은 한국인에게도 꽤나 친숙한 용어이다. 한국어로는 주로 어묵으로 표현하지만 어묵은 오뎅의 대표적인 내용물 중의 하나일 뿐이다. 오뎅에는 어묵 이외에도 많은 종류가 있다. 예를 들면, 튀김, 곤약, 무, 감자, 두부, 삶은 계란 등 다양하다. 영어로는 oden 으로 표현한다.

오뎅(おでん)

오뎅은 원래 「덴가쿠(田楽)」라는 말을 예쁘게 꾸며서 표현하는 미화어의 일종이다. 「덴가쿠」는 국물이 있는 것과 없는 것이 있었는데, 이 중에서 주로 국물이 있는 것이 오뎅으로 발전하였다. 오뎅은 일본요리 중에서 일종의 조림음식이라고 할 수 있다. 일본의 각 지역에 따라 특색 있는 오뎅을 맛볼 수 있다. 특히 추운 겨울의 인기 메뉴이다.

7) 덴푸라(튀김)

덴푸라(テンプラ)

덴푸라는 어패류나 야채 등의 소재에 튀김옷을 입혀 기름에 튀겨 먹는 일본요리이다. 지금은 도쿄의 향토요리라는 이미지가 강하지만 원래는 나가사키에서 비롯되었다. 물론, 현재는 일본 각지에 퍼져 있고 세계적으로도 많이 찾는 일본음식이다. 영어로는 tempura라고 한다. 덴푸라의 어원에 대해서는 여러 가지 설이 있지만 포르투갈어 설이 유력하다.

덴푸라는 단독으로 먹는 경우도 있지만, 일반적으로는 다른 요리와 함께 먹는 경우가 많다. 여러 반찬 중의 하나일 수도 있고, 튀김을 메인으로 한 텐동(튀김덮밥)이나 덴푸라소바(튀김메밀국수), 덴푸라우동(튀김우동) 등의 주요 구성 요소를 이루기도 한다.

덴푸라를 튀긴 후에 메인 내용물에서 남은 튀김가루를 이용하여 만든 요리가 다누키소바 또는 다누키우동이다. 「다누키」는 「내용물이 빠진 튀김가루」라는 뜻이다. 발음상으로 「다누키」가 너구리를 나타내기 때문에 한국에서는 「너구리우동」 등으로 불리지만 「다누키우동」의 「다누키」는 너구리가 아니다.

8) 소바(메밀국수)

소바(そば, 메밀국수)는 메밀가루를 가공하여 만든 면이나 그 면을 이용한

요리를 말한다. 일본인들은 메밀국수를 즐겨 먹는다. 한국에서는 메밀국수를 물냉면이나 비빔냉면처럼 국물에 넣거나 비벼서 먹는 경우가 많은데, 일본에서는 주로 장국에 찍어 먹거나, 따뜻한 국물에 넣어서 먹는 경우가 일반적이다.

메밀국수를 이용한 요리에는 여러 가지의 종류가 있다. 가장 많이 알려진 것은「자루소바」와「모리소바」이다. 명칭의 유래는 메밀국수를 담는 그릇과 찍어 먹는 장국의 차이였지만, 지금은 메밀국수 위에 김이 올려져 있는가의 여부로 구분하는 경우가 많다. 가늘게 자른 김이 올려져 있으면「자루소바」, 올려져 있지 않으면「모리소바」이다. 이 밖에도 가케소바, 기쓰네소바, 다누키소바 등이 있는데, 이들은 국물에 넣어서 먹는 메밀국수이다.

소바(そば)

9) 돈가스

돈가스는 한국인에게도 꽤나 익숙한 일본요리이다. 두껍고 평평하게 자른 돼지고기에 튀김옷을 입혀서 식용유로 튀긴 음식이다. 돈가스라는 명칭은 돼지고기에 해당하는 일본어「돈(豚)」과 영어 cutlet의 앞부분을 따서 합성한 용어이다. 돈가스가 개발되기 전까지는 cutlet이라고 하면 소고기를 사용한 비후가스를 가리키는 것이 일반적이었는데, 돈가스가 일반화되면서부터는 pork cutlet을 가리키게 되었다.

돈가스를 이용한 다른 요리도 많이 있다. 예를 들면, 카레라이스와 돈가스를 조합한 돈가스카레, 밥에 돈가스를 조리하여 올린 돈가스덮밥, 돈가스에 맛을 더하여 샌드위치로 만든 돈가스샌드위치 등이 돈가스를 활용한 요리이다. 이 밖에

돈가스(豚カツ)

도 된장돈가스, 돈가스라면 등 돈가스를 응용한 여러 요리가 있다.

10) 덮밥

일본에는 덮밥 종류가 많다. 가장 대표적이고 대중적인 것으로는 규동(牛丼, 소고기덮밥)을 들 수 있다. 「요시노야」라는 체인점에서 명명된 「규동」은 일본뿐만 아니라 중국 등 다른 나라에서도 성황이다. 「규」는 소고기를 나타내고 「동」은 「덮밥」의 줄임말이다. 우나동(鰻丼, 장어덮밥)은 특히 여름의 보양식으로 인기가 많다. 돼지고기를 이용한 부타동(豚丼), 닭고기와 계란을 이용한 오야코동(親子丼), 해산물을 이용한 가이센동(海鮮丼), 팔보채를 올린 츄카동(中華丼), 기본적으로 소고기와 계란을 이용한 타닌동(他人丼) 등 여러 종류의 덮밥이 있다.

우나동(鰻丼)

이상에서 살펴본 일본음식 외에도 우리가 쉽게 접할 수 있고 들어본 경험이 있을 법한 요리가 많다. 야키토리(꼬치구이), 가라아게(닭고기튀김), 우동, 카레라이스, 고로케, 챠한(볶음밥), 교자(만두), 야키니쿠(고기구이) 등 일본 오리지널 음식도 있고 외국 발상의 음식을 일본화한 음식도 있다.

2. 일본의 관광지와 성

2.1 일본의 관광명소

일본은 관광자원이 많을 뿐만 아니라 그것을 잘 가꾸기도 한다. 전국이 관광지화되어 있다고 해도 과언이 아니다. 일본은 매년 가장 인기 있는 관광지 랭킹을 발표한다.

그런데 일본 관광업계인 여행 가이드북 tripnote가 2021년의 1년 동안에 찾은 방문객 숫자를 바탕으로 발표한 상위 50위까지의 관광명소를 행정구역으로 살펴보니 11개 지역으로 묶을 수 있었다. 전체 47개의 도도부현 중에 상위의 유명 관광지는 11개의 도도부현으로 편중되어 있음을 알 수 있는 것이다.

가장 많은 곳을 차지한 행정구역은 도쿄도로 11곳이 선정되었다. 2위는 교토부로 9곳, 3위는 홋카이도와 가나가와현으로 각각 6곳이었다. 5위는 오사카부로 5곳, 6위는 이시카와현와 오키나와현으로 각각 3곳, 8위는 미에현과 나라현, 히로시마현으로 각각 2곳이었다. 11위는 1곳으로 도치기현이 차지하였다.

위의 관광명소 상위 50위까지를 명소 순위를 바탕으로 도도부현별로 정리를 해 보도록 한다. 관광업계가 선정한 것은 어느 특정한 곳을 가리키고 있기 때문에 관광을 할 때는 가깝고 유명한 곳을 루트를 정해서 살펴보는 것이 좋기 때문이다. 필요에 따라 관광명소 순위도 제시하도록 한다.

1) 교토부

관광명소로서는 거의 매년 1위에 뽑히고 있는 곳이 교토의 기요미즈데라(清水寺)이다. 국보로 지정되어 있고, 봄에는 벚꽃, 가을에는 단풍을 배경으로 한

경관이 아름답기로 유명하다. 산 중턱에 위치하고 있기 때문에 교토 시내를 한눈에 내려다 볼 수 있다. 야간에는 계절별로 라이트업을 하는데 환상적인 모습을 즐길 수 있다.

교토부에는 이 밖에 후시미이나리타이샤(3위)와 킨카쿠지(金閣寺, 3위)가 10위 안에 들어 있고, 도게츠쿄, 긴카쿠지(銀閣寺), 아라시야마죽림도, 니죠성, 야사카신사, 가모가와 등, 50위 안에 총 9곳이 선정되었다.

기요미즈데라(清水寺)

2) <u>도쿄도</u>

관광명소 2위로 뽑힌 곳은 도쿄의 센소지(浅草寺)이다. 센소지보다는 아사쿠사로 더 많이 알려져 있는 곳이다. 센소지로 들어가는 입구 역할을 하고 있는 「가미나리몬(雷門)」을 지나서 「나카미세도리(仲見世通り)」라는 시장통을 걸어 들어가다 보면 본당이 보인다.

센소지(浅草寺)

도쿄에는 이 밖에 도쿄타워(5위), 도쿄스카이쓰리(7위), 다케시타거리(8위)가 10위 안에 랭크되어 있고, 도쿄디즈니리조트, 아메요코, 나카미세도리, 롯폰기힐즈, 메이지신궁, 후지텔레비전, 오다이바공원 등, 50위 안에 총 11곳이 선정되어 가장 많은 관광객이 찾는 지역임을 알 수 있다. 도쿄디즈니리조트는 사실 치바현에 소속되어 있는데 명칭상 도쿄로 분류되어 있다. 치바현으로서는 아쉬울 수도 있겠다.

3) 오사카부

유니버설스튜디오저팬
(ユニバーサルスタジオジャパン)

오사카의 유니버설스튜디오저팬은 5위에 랭크되어 있다. 헐리웃을 테마로 한 테마파크인데 어린이뿐만 아니라 어른도 즐길 수 있게 되어 있다. 한국에서도 미리 하루 이용권을 구매할 수 있다.

오사카의 도톤보리(10위)도 10위 안에 들어 있고, 한국인이 많이 찾는 쓰텐카쿠, 오사카성, 가이유칸 등, 오사카부에서는 총 5곳이 선정되었다.

4) 가나가와현

이상의 세 지점 다음으로 상위에 포진해 있는 곳은 가나가와현의 요코하마중화거리로 8위이다. 중국요리점 등, 약 600개의 점포가 늘어져 있는 세계 최대급의 차이나타운이다.

요코하마붉은벽돌창고도 10위에 랭크되어 있다. 붉은 벽돌로 만든 100년을 넘은 건축물을 이용한 요코하마를 대표하는 상업시설이다. 가나가와현에서는 이 밖에 쓰루오카하치만구, 가마쿠라대불, 야마시타공원, 고마치거리 등, 6곳이 50위 안에 들어 있다.

5) 홋카이도

홋카이도의 오타루운하가 10위에 선정되었다. 길이 1140미터의 운하를 따라

지어진 역사적인 건축물 등을 보며 산책을 즐길 수 있다. 오타루운하 크루즈도 이용하면서 이국적인 정취를 맛볼 수도 있다. 삿포로에서 그다지 멀지 않고 하코다테로부터도 멀지 않으니 이 세 곳을 묶어서 여행하는 것도 좋다.

오타루운하(小樽運河)

훗카이도에서는 이 밖에 삿포로시계탑, 오도리공원, 하코다테산전망대, 삿포로텔레비전탑, 고료카쿠 등, 6곳이 50위 안에 들었다.

6) 오키나와현

고쿠사이도리(国際通り)

오키나와현의 고쿠사이도리는 17위를 차지하였다. 여기에서부터는 최고 순위가 10위권에서 벗어난다. 고쿠사이도리는 오키나와현청에서 1.6킬로미터에 이르는 거리로 전후의 복구와 눈부신 발전을 상징하는 거리이다. 미국과의 관련성이 깊은 지역성과 길이가 거의 1마일이어서 「기적의 1마일」이라고 불리기도 하였다.

오키나와현에는 이 밖에 오키나와츄라우미수족관, 슈리성이 선정되었다.

7) 도치기현

도치기현의 닛코도쇼구는 18위이다. 세계문화유산에 등록되어 있다. 에도막부의 초대 쇼군인 도쿠가와 이에야스의 사당으로 경내에는 국보 8동, 중요문화재 34동 등이 현란하게 늘어서 있다.

「쓸데없는 것은 보지 말고, 필요 없는 것은 말하지 말며, 쓸데없는 말은 듣지도 말라」는 도쿠가와 이에야스의 정치철학을 형상화한 원숭이 조각으로 유명하다. 또 졸고 있는 고양이 조각도 유명한데 100여 년에 걸친 긴 전국시대에 종지부를 찍고 평화로운 에도시대를 연 만큼 앞으로는 누가 공격할까봐 긴장하지 않고 졸고 있어도 걱정 없을 평화시대가 영원히 지속되기를 바라는 마음이 담겨있다고 한다.

8) 이시카와현

겐로쿠엔(兼六園)

이사카와현의 겐로쿠엔은 21위에 뽑혔다. 겐로쿠엔은 일본의 3대 정원 중의 하나로 꼽힌다. 11만 평방킬로미터를 넘는 넓은 부지에 아름다운 경관이 조성되어 있다. 계절별로 라이트업을 하는「사계절이야기」도 인기를 얻고 있다. 이시카와현에서는 이 밖에 히가시찻집거리, 오미쵸시장이 선정되었다.

일본의 3대 정원은 겐로쿠엔과 이바라키현의 가이라쿠엔(偕楽園), 오카야마현의 고라쿠엔(後楽園)을 말한다.

9) 히로시마현

히로시마현에서 가장 인기 있는 곳은 이츠쿠시마신사로 22위이다. 세계문화유산에 등록되어 있다. 바다에 떠있는 것처럼 보이는 신사 입구인 도리이(鳥居)가 특히 유명하다. 히로시마의 원폭돔도 선정되었다.

이츠쿠시마신사가 있는 섬 이츠구시마(厳島)는 미야지마(宮島)라고도 불리는데 미야기현의 마쓰시마(松島), 교토부의 아마노하시다테(天橋立)와 더불어 일본의 3대 절경으로 꼽힌다.

10) 미에현

미에현의 이세신궁은 22위를 차지하였다. 이세신궁에는 일본의 건국신화에 나오는 시조신인「아마테라스오미카미(天照大御神)」가 모셔져 있다. 미에현에서는 오카게골목도 선정되었는데 이세신궁에서 이어지는 거리로 에도시대로부터 메이지시대의 거리 풍경이 재현되어 있다.

11) 나라현

나라현에서는 두 군데가 선정되었는데 도다이지(東大寺)가 35위이다. 나라시대(8세기)에 창건된 도다이지는 세계문화유산에 등록되어 있는 세계 최대의 목조건축물이다. 실내에 15미터에 이르는 실내 대불상이 있다. 국보로 지정되어 있는 남대문은 절로 들어가는 일본 최대의 문이다. 또 한곳으로 선정된 곳은 도다이지 주변에 있는 나라공원이다. 나라공원이라는 정식명칭보다 사슴공원이라는 애칭으로 더 유명하다. 길거리를 거닐고 있는 사슴들과 금방 친해질 수 있다.

위에 선정된 50곳의 명소 이외에 필자가 특별히 추천하고 싶은 곳을 들자면 일본알프스이다. 나가노현에 위치한 일본알프스는「일본의 지붕」이라 불리는 산악지대이다. 유럽의 알프스에 필적할만한 곳이라 하여 영국의 알피니스트가 명명하였다. 남알프스, 중앙알프스, 북알프스로 나뉘어 있는데 어디를 가나 아름다운 자연 경관과 온천을 즐길 수 있다.

2.2 일본의 성

일본은 성곽도시가 발달한 나라이다. 각 지역의 유명한 성이 관광지화 되어 있는 경우가 많다. 성을 살펴보면 일본의 역사나 지역사회에 대한 이해도가 높아지게 된다. 여기에서는 일본성곽협회가 관광지로서의 지명도와 문화재나 역사상의 중요성 등을 기준으로 선정한 「일본100명성」 중에서도 특별히 10개를 선정하여 싣도록 한다. 일본성곽협회는 일본의 3대 명성으로 나고야성, 오사카성, 구마모토성을 꼽았다.

1) 히메지성(**姫路城**)

히메지성은 효고현에 있는 성으로 일본에서 가장 아름답기로 소문난 성이다. 백로를 닮았다 하여 백로성(白鷺城)이라고도 불린다. 국보로 지정되어 있으며 세계문화유산이기도 하다. 일본의 3대 명성으로 꼽는 경우도 있다.

2) 나고야성(**名古屋城**)

나고야성(**名古屋城**)

아이치현 나고야시에 있는 나고야성은 일본의 3대 명성으로 꼽히는 도쿠가와 가문의 거성이다. 머리는 용 또는 호랑이와 같고 몸은 물고기를 닮은 형태를 가진 샤치호코(鯱)라는 전설상의 동물을 황금으로 형상화한 천수각 용마루가 특히 유명하다.

3) 오사카성(大阪城)

오사카에 있는 오사카성은 일본 3대 명성으로 꼽히는 성으로 도요토미 히데요시가 축성하였으나 현재의 형태는 재건된 것이다. 도요토미 가문의 흥망성쇠를 알 수 있는 성이다.

4) 구마모토성(熊本城)

구마모토현에 있는 구마모토성은 일본의 3대 명성으로 꼽히는 아즈치모모야마시대의 성이다. 일본 벚꽃명소 100선에 선정되어 있다.

5) 에도성(江戸城)

도쿄에 있는 에도성(江戸城)은 에도막부를 만든 도쿠가와 가문의 성으로 사용되다가 현재는 황거(皇居)라는 이름으로 천황가가 거주하고 있다. 내부로 들어갈 수는 없으며 입구까지 가볼 수 있다.

6) 고료카쿠(五稜郭)

홋카이도에 있는 고료카쿠(五稜郭)는 일반적인 일본의 성곽과는 모습이 다르다. 에도시대 말기에 세워진 성곽으로 위에서 보면 별처럼 5각으로 만들어져 있다. 현재는 공원으로 일반 공개되어 있으며 하코다테를 대표하는 관광지이다.

고료카쿠(五稜郭)

7) 니조성(二条城)

교토에 있는 니조성은 일반적인 성과는 달리 한국의 궁과 같은 구조를 한 건축물이다. 국보이기도 하고 세계문화유산이기도 하다. 주로 도쿠가와 가문이 사용하였고 나중에 천황의 별궁으로 사용하기도 하였다. 에도막부의 권력을 천황에게 되돌려 준 1867년의 대정봉환(大政奉還)이 이루어진 곳이기도 하다.

8) 마쓰에성(松江城)

국보로 지정되어 있는 다섯 개 성 중의 하나인 마쓰에성은 시마네현에 있다. 국보로 지정된 다섯 개의 성은 히메지성, 이누야마성, 마쓰에성, 마쓰모토성, 히코네성이다. 마쓰에성은 일본 도시경관 100선에 뽑혀 있다.

9) 마쓰야마성(松山城)

마쓰야마성은 에히메현에 있는 성으로 시코쿠지방을 대표할 만한 성이다. 국가의 중요문화재로 등록되어 있다.

10) 슈리성(首里城)

오키나와현에 있는 슈리성은 세계문화유산에 등록되어 있다. 독립 국가였던 류큐왕국의 궁전으로 다른 성곽과 달리 천수각이 없다. 현재는 성곽의 복원 작업을 진행 중으로 2026년에 완성될 전망이다.

3. 일본의 축제

일본은 성대한 축제가 참으로 많은 나라이기도 하다. 각 지방을 대표할 만한 축제 10개를 선정하면 다음과 같다.

1) 삿포로 눈축제(さっぽろ雪まつり)

삿포로 눈축제(Sapporo Snow Festival)는 홋카이도 삿포로시에서 매년 2월 상순에 개최되는 눈과 얼음의 제전이다. 눈을 굳혀서 조각한 것이 대부분이지만 얼음을 조각하는 경우도 있다. 한국의 전통 건축물이 조각된 적도 있었다. 매년 200만 명의 국내외 관광객이 찾고 있는 세계 3대 눈축제 중의 하나이다. 세계 3대 눈축제는 삿포로 눈축제, 캐나다의 퀘백 눈축제, 중국의 하얼빈 눈축제를 주로 꼽는다.

2) 네부타 축제(ねぶたまつり)

네부타 축제는 칠석제 행사 중의 하나인 여름 축제이다. 그 중에서도 특히 아오모리의 네부타 축제가 전국적으로 유명하다. 도호쿠지방의 3대축제 중의 하나이다. 원래는 음력 7월7일의 행사였으나 지금은 매년 8월 상순에 개최한다.

3) 다나바타 축제(七夕まつり)

다나바타축제(七夕まつり)

일본 각지에 칠석 축제가 있는데 그 중에서도 특히 미야기현 센다이시의 센다이 다나바타 축제가 유명하다. 도호쿠지방의 3대 축제 중의 하나로 매년 8월초에 실시한다. 온 시내가 각양각색의 깃발로 나부낀다.

4) 간토 축제(竿灯まつり)

매년 8월초에 실시하는 아키타현의 전통축제로 도호쿠 3대 축제 중의 하나이다. 긴 대나무 장대에 등롱을 매달고 풍작을 기원하면서 행진하는 축제이다.

5) 간다 축제(神田祭)

간다 축제는 도쿄에서 5월 중순에 하는 축제로 일본 3대 축제 중의 하나이다. 일본 3대 축제는 도쿄의 간다 축제, 교토의 기온 축제, 오사카의 덴진 축제를 말한다.

6) 나고야 축제(名古屋まつり)

나고야 축제는 아이치현 나고야시에서 매년 10월 상순에 하는 축제로 매년 200만 명 이상이 참가한다. 축제의 대미를 장식하는 것이 이 지역 출신으로 일본의 3대 영걸에 해당하는 오다 노부나가, 도요토미 히데요시, 도쿠가와 이에야스의 퍼레이드이다. 한일관계가 좋을 때는 조선통신사의 행렬도 퍼레이드에 참가한 적이 있었다.

기온축제(祇園祭)

7) 기온 축제(祇園祭)

기온 축제는 교토시에서 하는 여름 축제로 매년 7월에 실시한다. 7월 한 달 내내 하는 매우 긴 축제이다. 일본 축제의 대표격이다.

일본 3대 축제의 하나로 꼽힌다. 기온 축제는 유네스코의 무형문화유산에 지정되어 있다.

8) 덴진 축제(天神祭)

일본 각지에서 덴진 축제가 열리는데 그 중에서도 오사카의 덴진 축제가 가장 유명하다. 일본 3대 축제 중의 하나로 여름의 약 1개월에 걸쳐서 실시된다. 불꽃놀이 등이 성대하게 펼쳐진다.

9) 아와오도리(阿波踊り)

도쿠시마현의 옛이름인 아와에서 비롯된 축제로 「봉오도리」라는 단체 춤의 대표격이다. 매년 8월 중순에 실시하는데 현재는 도쿠시마현 이외에서도 실시하는 곳이 늘고 있다. 시코쿠에서는 고치현에서 비교적 현대에 생겨난 요사코이라는 축제가 전국에 퍼지고 있고 해외에서도 실시되는 경우가 있다.

10) 하카타 돈타쿠(博多どんたく)

후쿠오카현 후쿠오카시에서 매년 5월초에 실시하는 축제로 규슈를 대표하는 축제이다. 각종 단체나 회사, 학교 등에서 그룹을 만들어 연기나 춤을 피로하는 형식이다. 기업의 경우는 단결력을 높이기 위해 신입사원교육에 활용되기도 한다. 하카타는 후쿠오카시의 중심부를 형성하는 지역 이름이다.

제7장

일본의 정치경제와 미디어

1. 일본의 정치
2. 일본의 경제
3. 일본의 미디어

상식 더하기

화룡점정【画竜点睛】

용을 그리고 나서 마지막으로 용의 눈동자를 그려 넣는다는 뜻으로 일의 마지막을 성공적으로 잘 이룬다는 뜻입니다. 중국의 어느 절에서 벽에 용의 그림을 그리다가 마지막에 눈동자를 그려 넣었더니 진짜 용이 되어 하늘을 날았다는 이야기에서 비롯되었습니다. 일본에서는 국회의원 선거 등에서 당선이 되면 오뚝이 인형의 눈에 까만 점을 찍음으로서 당선이 확정되었음을 알리는 풍습이 있습니다.

지란지교【芝蘭之交】

사이좋은 친구 관계를 형용하는 말은 많이 있는데 그 중에 지란지교라는 것이 있습니다. 지초와 난초 같이 은은한 향이 나는 교제라는 뜻으로 친구 사이가 맑고 고귀함을 나타냅니다. 명심보감(明心宝鑑)에 있는 말입니다. 관포지교, 수어지교 등도 막역한 벗 사이를 표현하는 글귀입니다.

1. 일본의 정치

일본의 정치에 대한 구체적인 내용은 전문서적을 탐독하도록 하고, 여기에서는 일본의 정치제도에 대해 정치에 관심이 없는 사람도 기본적으로는 알아둬야 할 내용으로 간략하게 소개하도록 한다.

일본은 천황제가 존속하고 있는 나라이다. 그러나 현재의 천황은 정치적인 권한은 없고, 상징적인 존재이다. 일본국헌법 제1장에는 천황의 지위에 대하여「일본국의 상징이며 일본 국민통합의 상징」으로 명시되어 있다. 이것이 소위「상징천황제」로 국정에 관한 권능은 갖지 않고 내각의 조언과 승인에 의해 국사행위만을 할 수 있도록 헌법으로 정해 두었다.

일본은 삼권분립에 의거하여 운영되지만, 실질적인 정치는 입법기관인 국회를 중심으로 움직인다. 일본은 의원내각제이기 때문이다. 국회는 참의원(参議院)과 중의원(衆議院)이라는 2원체제로 되어 있다.

국회의사당

참의원 국회의원의 임기는 6년이다. 임기의 중간에 해산되지 않고 3년에 절반씩 선거를 통해 교체한다. 참의원 국회의원의 임기만료에 의한 선거를 「통상선거」라고 한다. 통상선거는 대선거구제와 중선거구제 및 비례대표제에 의해 248명이 선출된다.

중의원의 임기는 4년이다. 임기가 만료되기 전에 해산될 수 있다. 중의원의 해산은 내각이 결정하고 형식적으로는 천황이 행하게 되어 있으나, 실질적으로는 수상에 의해 해산이 된다고 볼 수 있다. 그래서 일본의 국가원수가 누구인지에 대해서는 논란이 있다.

중의원의 해산이나 중의원 국회의원의 임기만료에 따른 선거는 중의원 전원이 선출되기 때문에 「총선거」라고 한다. 총선거는 소선거구제와 비례대표제에 의해 465명이 선출된다. 중의원 선거에 의해 국회의원이 된 사람은 특별히 「대의사(代議士)」로 불리기도 한다.

2022년 현재 국회의원을 보유하고 있는 일본의 정당과 의석수는 다음과 같다.

정당 명칭	일본어 표기	중의원수	참의원수	계
자유민주당	自由民主党	261	119	380
입헌민주당	立憲民主党	97	39	136
일본유신회	日本維新の会	40	21	61
공명당	公明党	32	27	59
일본공산당	日本共産党	10	11	21
국민민주당	国民民主党	10	10	20
레이와신센구미	れいわ新選組	3	5	8
사회민주당	社会民主党	1	1	2
NHK당	NHK党	0	2	2
참정당	参政党	0	1	1

이 외에 특정 정당에 소속되어 있지 않은 무소속이 중의원에 8명, 참의원에 12명이 있다. 결원 3명까지 포함하면 총 국회의원 수는 713명이다.

국회의 총리지명 선거에서 국회의원 중에서 총리가 선출된다. 집권당의 총재가 내각총리대신인 수상을 맡아 정치 전체를 관장하는 경우가 일반적이다. 정치는 일본국헌법에 의해 행해진다. 일본국헌법의 3대원리는 「국민주권, 기본적 인권의 존중, 평화주의」의 세 가지이다.

일본국헌법은 1946년 11월3일에 공포되었고, 6개월 후인 1947년 5월3일에 시행되었다. 이를 기념하여 11월3일은 「문화의 날」로, 5월3일은 「헌법기념일」로 정해 국경일로 삼았다. 일본국헌법은 제정된 이래 지금까지 한 번도 개정되지 않았다.

현행 헌법을 평화헌법이라고 한다. 일본국헌법 제9조에 평화주의를 규정하고 있고 전쟁의 포기, 전력의 비보유, 교전권을 부인하고 있기 때문이다. 그런데 여기에서 주의해야 할 점이 있다. 헌법에서 항상 논란이 되고 있는 자위대이다. 자위대는 전원 전문 직업인으로 존재한다. 총 인원은 30만 명 정도이다. 이들은 명백한 국가 전력이다.

일본의 정치를 논할 때 「55년체제」라는 표현을 하는 경우가 많다. 55년체제란 1955년에 일본민주당과 자유당이 연합하여 자유민주당이 성립한 이래로 오랫동안 일본의 정치를 주도하고 있는 체제를 말한다. 55년체제에서는 자유민주당이 항상 여당이 되고 내각에서는 자유민주당 총재가 총리에 지명되었다. 자유민주당은 줄여서 자민당이라고 주로 칭한다.

이 체제는 1993년의 자유민주당 분열에 의해 연립정권이 탄생함으로 인해 붕괴되었다. 그 이후로 현재까지 정권의 부침은 있지만 여전히 자유민주당이 일본의 정치를 주도하고 있다고 할 수 있다. 현재는 자유민주당과 공명당에 의한 연립체제를 유지하고 있다. 그러나 실질적으로는 자민당이 좌지우지한다.

일본의 행정조직은 다음과 같다. 2001년에 재편되어 현재까지 약간의 수정을 거쳐 지금에 이르고 있다.

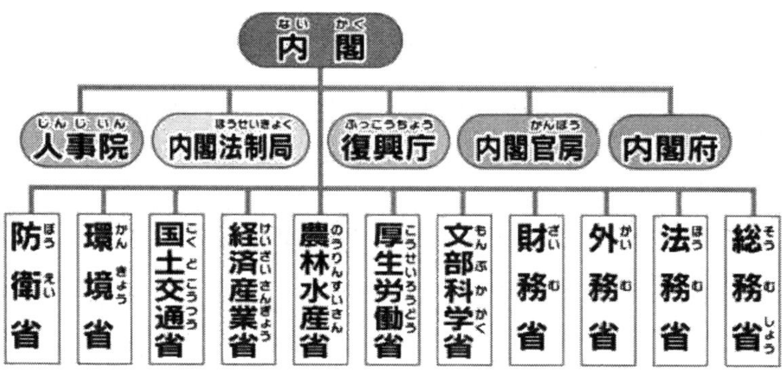

현재의 중앙성청

일본의 내각은 수장인 총리대신과 국무대신으로 구성된다. 성(省)이 한국의 부(部)에 해당한다. 성(省)의 책임자는 대신(大臣)이라고 하는데 한국의 장관에 해당한다. 국무대신은 기본적으로 14명으로 구성하게 되어 있다.

일본의 사법권은 한국의 법원에 해당하는 재판소에 귀속되어 있다. 재판소는 최고재판소와 하급재판소로 구성된다. 최고재판소는 전국에 1개만 존재하며, 하급재판소에는 고등재판소, 지방재판소, 가정재판소, 간이재판소가 있다.

한국의 대법원에 해당하는 일본의 최고재판소는 사법부의 최고 기관이다. 일본국헌법이 시행된 1947년5월3일에 헌법에 명시된 규정에 따라 설치되었다. 최고재판소의 재판관은 최고재판소장관 1명과 최고재판소판사 14명의 15명으로 구성된다.

최고재판소장관은 대내외적으로 최고재판소를 대표하는 지위를 갖고 사법업무를 관장하는 재판관회의를 총괄한다. 그래서 최고재판소장관은 내각총리대신, 중의원의장 및 참의원의장과 더불어 삼권의 수장으로 불린다. 그런데, 최고재판소장관은 내각의 지명에 의거하여 국사행위로서 천황이 임명하게 되어 있다. 최고재판소판사의 임명은 내각이 하고 천황이 인증한다. 그 내각은 내각총리대신을 비롯하여 대부분이 국회의원으로 채워진다. 국무대신의 과반수는 국회의원 중에서 선임하도록 일본국헌법에 명시되어 있기 때문이다.

따라서 입법기관인 국회에서 행정부 수반인 내각총리대신이 선출되고 내각 자체도 대부분이 국회의원으로 채워지며 그 내각에 의해 최고재판소장관을 지명하게 되어 있어 삼권분립이 되어 있는 일본의 정부는 실질적으로 국회를 중심으로 움직인다고 할 수 있는 것이다.

일본의 국회의원 선거권은 1889년부터 시작된다. 그러나 처음에는 일정 금액 이상의 국세를 납세한 25세 이상의 남자에게만 선거권을 부여한 불완전한 선거권이었다. 1925년의 다이쇼 데모크라시에 의해 25세 이상의 남자 전원에게 선거권이 부여되지만 완전한 것은 아니었다. 1946년의 새로운 헌법하에 제정된 공직선거법에 따라 20세 이상의 남녀 모두에게 선거권이 부여되면서 비로소 완전한 선거권이 완성된다. 그 후, 2016년부터 시행된 개정된 공직선거법에 의해 현재는 만18세 이상의 남녀가 선거권을 갖게 되었다.

한편, 피선거권은 직급에 따라 다르다. 중의원 의원과 기초자치단체장은 만25세 이상, 참의원 의원과 광역자치단체장은 만30세 이상, 광역자치단체의회의 의원 및 기초자치단체 의회의 의원은 만25세 이상이 피선거권을 갖는다.

2. 일본의 경제

2.1 일본경제의 흐름

일본의 경제에 대하여 살펴보도록 하자. 일본의 경제를 논할 때 가장 기본적이라고 여겨지는 내용을 중심으로 간략하게 서술한다.

일본의 화폐단위는 엔(円)이다. 한국의 화폐단위인 원을 한자로 표기하면「圓(원)」인데 이의 약자가「円(원)」이고, 중국의 화폐단위인 위안을 한자로 표기하면「元(원)」인데 간체자가 되기 전의 원래 글자가「圓(원)」이다. 따라서 어원을 따지면 한중일의 화폐단위가 모두 같다. 물론 현재의 화폐가치는 서로 다르다.

일본의 경제규모는 GDP(gross domestic product, 국내총생산)를 기준으로 세계 3위이다. GNP(gross national product, 국민총생산) 또는 GNI(Gross National Income, 국민총소득)로 계산할 때는 세계 제2의 경제대국이었다가 GDP를 기준으로 한 지금은 제3의 경제대국이라고 한다. GDP로 계산할 것인가 GNP 또는 GNI로 계산할 것인가의 차이일 수 있는데 현재 세계적으로는 GDP를 기준으로 계산하는 것이 일반적이다. GDP를 기준으로 세계의 경제 상위 10위를 살펴보면, 순서적으로 미국, 중국, 일본, 독일, 영국, 인도, 프랑스, 이탈리아, 캐나다, 한국의 순이 된다.

제2차 세계대전에서 패한 일본은 GHQ(General Headquarters, 연합군최고사령부)의 점령 하에 경제개혁을 단행하여 전후 복구에 박차를 가한다. 여기에 한국동란으로 인해 특수경기를 맞이하게 되니 한국인으로서는 아이러니가 아닐 수 없다.

1950년대에는「3종의 신기(三種の神器)」로 일컬어지는 세 종류의 전자제품인「흑백텔레비전, 세탁기, 냉장고」가 일반 시민들에게 보급되면서 일반인의 생활에 큰 변혁을 가져온다. 원래,「3종의 신기」란 일본 천황의 상징으로 대대적으로 전수되어 온「거울, 검, 구슬」을 말한다.

1960년대에는 고도경제성장기를 맞이한다. 특히, 1964년의 도쿄올림픽을 준비하면서 1963년에 아이치현 나고야시와 효고현 고베시를 연결하는 일본 최초의 고속도로인 메이신고속도로(名神高速道路)를 건설하고 1964년10월1일에 도쿄역과 신오사카역을 연결하는 세계 최초의 고속열차인 도카이도신칸센(東海道新幹線)을 개통한다. 그리고 1964년10월10일에 도쿄올림픽을 개최한다. 참고로 고속열차란 평균시속 200킬로미터 이상의 열차를 가리킨다. 이 시기에는「신3종의 신기」라 불린 3C가 보급된다. 3C는「Color television, Cooler, Car」를 말한다.

신칸센(新幹線)

이 시기는「이자나기경기(いざなぎ景気)」로도 불린다. 이자나기경기란 도쿄올림픽 이후, 전후 최장의 호경기를 누린 1965년부터 1970년까지의 고도경제성장시대를 말한다.「이자나기」는 일본의 신화에서 천신의 명을 받아 일본열도를 만들었다고 하는 신의 이름이다. 일본의 건국 여신인 아마테라스오미카미(天照大御神)의 아버지이며 초대 천황인 진무천황(神武天皇)은 아마테라스오미카미의 5대손으로 기록되어 있다.「이자나기경기」는 일본의 유사 이래 최대의 호경기라는 의미로 붙여진 명칭이다.

「이자나기경기」는 1970년대에 들어서면서 쇠퇴하기 시작한다. 1970년의「오사카만국박람회」를 기점으로 순조롭게 출발하지만 국내외 상황이 힘들었다.「일본열도개조론」으로 대표되는 개발경제가 가져온 반동으로 지가가 상승하여 서민생활을 힘들게 하였다. 1973년에는 중동전쟁으로 인한 오일쇼크에 의해 물가가 폭등하면서 70년대 후반에는 마이너스 성장기를 보내게 된다.

1980년대는 일본의 고도 기술력을 바탕으로 자동차와 가전산업이 급성장하여 해외수출이 확대된다. 이로 인하여 미국 등 다른 나라와의 무역불균형이 심화되었고 여기저기에서 무역마찰이 격화하게 되었다. 이의 해결을 위한 국제간

합의가 1985년의 플라자합의이다. 그런데 그 여파가 엔고현상 등으로 나타나 부동산과 주가가 급등하여 거품경제로 이어지게 된다. 부가가치세에 해당하는 제도인 소비세가 1989년에 도입되어 3%부터 시작한다. 소비세는 이후 5%, 8%, 10%로 올라 현재는 10%가 유지되고 있다.

거품경제는 1990년대에 들어서면서 서서히 꺼지기 시작하고, 급변하는 국제경제의 동향에 미처 대처하지 못한 기업들이 도산하는 형국이 늘어난다. 특히 금융기관의 파탄이 이어지고 여기저기에서 합병하는 금융기관이 늘어나는 현상을 볼 수 있었다.

2000년대에 접어들어 어느 정도는 경제가 안정을 찾아가기 시작하지만, 여러 분야에서 불균형 현상이 발생하는 것은 문제이다. 특히 기업의 성장세에 반해서 그 혜택이 노동자에게는 미치지 못하게 되는 현상은 빈부의 격차를 가져오게 되어 사회문제가 된다.

일본기업의 특징이었던 종신고용제도는 붕괴하게 되고, 계약사원이나 파견사원이 늘어나서 고용이 불안정한 사회가 된다. 종신고용제도는 일본형 고용시스템의 하나로 한 번 취직하면 그 회사가 도산하지 않는 한, 정년까지 계속 고용되는 제도를 말한다. 일본의 정사원 고용에 있어서의 관행이었는데 최근에는 많이 흔들리고 있다.

일본기업의 또 하나의 특징이었던 연공서열제도도 이제 일본의 특징이 아닌 상황이 되어 가고 있다. 연공서열제도는 취직을 한 후에 근속년수와 연령에 따라 보직과 임금을 상승시키는 인사제도이다. 이 제도도 최근에는 능력급으로 많이 변화하고 있다.

이와 같은 일본형 고용시스템의 변화와 사회상황에 맞물려 출생률은 저하하여 저출산 사회가 되고 고령화는 더욱 진행되게 된다. 저출산 문제는 현대사회에서 등장한 문제이다. 2020년의 통계에 의하면 일본의 출생률은 1.340명으로 세계 174위, 한국은 0.837명으로 조사 대상 187개국 중 꼴찌이다. 한국이 일본보다 저출산 문제가 더 심각한 것이다.

「춘투(春闘)」라는 개념이 있다. 춘투는 일본의 기업에 있어서 매년 2월 무렵부터 행하는 임금인상이나 노동조건 개선을 위해 회사측과 노동자측이 교섭하는 노동운동이다. 회사측의 간부도 대부분이 노동자에서 진급한 경우가 많기 때문에 노동자의 사정을 잘 알고 노동자도 회사의 사정을 알기 때문에 심각하게 대립하는 경우는 별로 없다.

일본은 대부분 주5일제근무를 택하고 있다. 주5일제근무를 일본에서는 쉬는 날을 기준으로 「주휴2일제(週休二日制)」라고 하는데, 매월 한 번이라도 일주에 이틀 휴일이 있으면 「주휴2일제」라고 한다. 일본에서 처음으로 이 제도를 도입한 회사는 미쓰비시전기(三菱電機)로 알려져 있다.

일본의 취업률에 대해 살펴보도록 하자. 일본의 대졸 신입취업률은 매우 높은 수준을 유지하고 있다. 버블경제가 붕괴되고 대졸취직난이 사회문제가 되어 「취직빙하기」라는 신조어가 생긴 1994년의 경우에도 취업률은 70.5%였다.

일본의 후생노동성과 문부과학성이 집계하여 발표한 데이터를 기준으로 최근 수년간의 취업률을 살펴보면 2016년 97.3%, 2017년 97.6%, 2018년 98.0%, 2019년 97.6%, 2020년 98.0%, 2021년 96.0%이다.

일본의 산업구조를 보면 제조업의 강세가 뚜렷하다. 제1차산업으로는 농업이 기반이었다. 그러나 현재는 농업에 종사하는 인구가 현저히 줄어들고 종사자의 고령화가 진행되고 있다. 농업생산물은 쌀이 주종목이다.

제2차산업으로서의 제조업은 일본경제의 토대를 이루는 분야라고 할 수 있다. 전국 각지에 공업지대가 형성되어 있다. 석유 등의 원료를 해외에서 수입하여 가공한 제품을 해외에 수출하는 가공무역이 주를 이룬다. 전기, 전자, 반도체와 자동차 부문이 핵심이라고 할 수 있다.

제3차산업은 금융업과 판매업, 관광산업과 미디어산업이 중심을 이루고 있다. 금융업은 최근에 구조조정을 이어가고 있으며 판매업은 백화점과 대형마트 및 아울렛 등이 전국에 퍼져 있다. 관광산업은 전국이 관광지화되어 있다고 할 수 있을 정도로 활성화되어 있다. 전국의 온천지가 관광지 활성화에 큰 몫을 차지하고 있다. 미디어산업은 방송컨텐츠를 중심으로 애니메이션, 만화 등이 특히 세계적인 강세를 보인다.

2.2 고령화사회

일반적으로 고령화사회(高齢化社会)라고 칭하는 것은 3가지 유형으로 나뉜다. 먼저, 전인구에서 만65세 이상의 인구 비중이 7%에 달하면「고령화사회」라 하고, 그 비중이 14%에 달하면「고령사회」, 20%에 달하면「초고령사회」로 구분한다.

일본은 세계에서 가장 먼저 초고령사회가 되었다. 2006년의 일이다. 이는 세계 최고의 장수국이라는 것과도 관련이 있지만, 저출산 등의 사회문제와도 관련되어 있다.

그런데 이것은 한국에서도 마찬가지의 문제이다. 한국은 지금 고령화사회가 초고속으로 진행되고 있다. 한국은 2000년에 만65세 이상의 인구 비중이 7%를 넘어서면서「고령화사회」에 진입했다. 2017년에 고령사회(14.4%)로 접어들었고 2023년에 초고령사회(20%)에 진입할 것으로 통계청이 전망했다.

한국의 문제점은 경제협력개발기구(OECD) 회원국 중에서도 고령화 속도가 가장 빠르다는 점이다. 한국은 고령화사회에서 고령사회로 가는데 17년(2017년) 걸렸고, 고령사회에서 초고령사회로 가는데 6년(2023년) 걸릴 것으로 예상되고 있다. 세계 최초로 고령화사회에 접어들었던 프랑스는 고령화사회(1864년)에서 고령사회로 가는데 115년(1979년) 걸렸고, 고령사회에서 초고령사회로 가는데 39년(2018년) 걸렸다. 일본의 경우는 고령화사회(1970년)에서 고령사회로 가는데 24년(1994년) 걸렸고, 고령사회에서 초고령사회로 가는데 12년(2006년) 걸렸다. 현재 세계의 평균수명을 살펴보면 일본이 84.26세로 세계 1위이다. 한국은 83.30세로 세계 3위이다.

◉ 시대별 3종의 신기

경제적 수준의 바로미터라고 할 수 있는 3종의 신기(三種の神器)로 불리는 전자제품을 시대별로 살펴보도록 하자. 3종의 신기는 그 시대를 상징하는 대표적인 가전제품으로 동경의 대상이기도 하였다.

1950년대 후반에는 일본경제의 급성장과 더불어 풍요로움과 동경의 상징으로 전자제품의 인기를 3종의 신기에 빗대어 말하기 시작하였다. 「흑백텔레비전, 세탁기, 냉장고」가 이에 속한다.

1960년대 후반에는 신3종의 신기 또는 3C로 불린 「컬러텔레비전(Color television), 쿨러(Cooler), 자동차(Car)」가 인기였다.

2000년대를 전후한 헤이세이시대에는 디지털가전이 보급되기 시작하여 「디지털카메라, DVD레코더, 디지털텔레비전」이 디지털3종의 신기로 불렸다. 생활에 밀접한 지금까지의 가전제품에서 오락이나 취미에 중점을 둔 가전제품이 인기를 모았다. 특히 텔레비전은 진화를 거듭하면서 어느 시대에나 꼭 필요한 가전제품으로 정착되어 있음을 알 수 있다.

레이와시대인 현재는 아직 정착된 단계는 아니지만, 가장 일반적으로 거론되는 3종의 신기는 「로봇청소기, 전자동세탁건조기, 식기세척기」이다.

◉ 마네키네코

마네키네코(招き猫)

일본의 상점가를 돌다 보면 가게에 고양이 인형이 놓여 있는 모습을 자주 보게 된다. 이를 마네키네코(招き猫)라고 하는데 복을 불러오는 복고양이라는 뜻이다. 오른손을 들고 있는 고양이는 금전 운을 부르고, 왼손을 들고 있는 고양이는 손님을 부른다고 하는데 장사가 잘되기를 바라는 염원이 담겨 있다.

3. 일본의 미디어

3.1 일본의 신문

일본인들은 세계적으로 신문을 많이 보기로 유명하다. 일본의 전국지는 주로 5대 신문을 가리키는데, 발행 부수를 기준으로 요미우리신문(読売新聞), 아사히신문(朝日新聞), 마이니치신문(毎日新聞), 니혼게이자이신문(日本経済新聞), 산케이신문(産経新聞)의 순서이다. 요미우리신문의 발행 부수가 가장 많은데 한 때는 하루 발행 부수가 1000만 부를 상회하는 시기도 오래 지속되었다. 최근에는 디지털화되어 종이신문의 발행 부수가 많이 줄어들기는 하였지만, 현재도 요미우리신문은 세계 1위의 발행 부수를 자랑한다. 그 뒤를 세계 2위로 아사히신문이 잇고 있다.

2021년도에 발행한 일간지의 발행 부수 랭킹을 일본 ABC협회의 자료를 통해 확인해 보자. 일본 ABC협회는 신문 등의 발행 부수를 조사하여 순위를 발표하는 기관이다. 요미우리신문은 보수 색채가 강하고 아사히신문은 개혁 성향이 강한 신문이다.

〈2021년도 일본의 전국지 일일 발행 부수〉

1) 요미우리신문 720만 부

2) 아사히신문 480만 부

3) 마이니치신문 201만 부

4) 니혼게이자이신문 190만 부

5) 산케이신문 120만 부

그런데 여기에서 특이한 점이 있다. 전국지와는 별도의 개념으로 일본에서는 블록지라는 개념이 있다. 블록지(bloc紙)는 전국지와 지방지의 중간쯤 되는 개념으로 어떤 광역 지역을 커버하는 신문이다.

그 대표가 주니치신문(中日新聞)이다. 이 주니치신문이 2021년도 통계에서 202만 부를 발행하여 전국지인 마이니치신문을 누르고 전국 3위를 차지하였다. 그러니까 실질적인 전국지인 셈이다. 주니치신문은 일본의 중부지방을 거점으로 한 신문으로 본사는 나고야에 있다. 주니치(中日)라는 말이 중부일본이라는 뜻이다. 주니치신문의 도쿄본사에서 발행하고 있는 신문 이름이 도쿄신문인데, 이것을 포함하면 250만 부가 된다. 도쿄신문은 한국의 신문사에서도 종종 인용하는 신문사이다. 주니치보다도 도쿄가 지명도가 높기 때문에 도쿄신문이란 명칭으로 인용하는 경우가 많은 것이다.

일본의 신문사가 보유하고 있는 프로야구팀이 두 개 있다. 하나는 요미우리신문사의 요미우리 자이언츠이고 또 하나가 주니치신문사의 주니치 드래건즈이다. 프로야구팀을 소유할 정도의 규모를 갖고 있는 것이다. 주니치 드래건즈에는 한국의 선동열 선수와 이종범 선수가 진출했던 팀이다.

3.2 일본의 텔레비전방송

일본의 텔레비전방송은 공영방송인 NHK(일본방송협회)와 지상파 민영방송 다섯이 골격을 이루고 있다. NHK는 전국에 지방방송을 갖고 있다. 지상파 이외에 위성방송과 케이블텔레비전 등이 있다.

다섯 개의 민영방송은 니혼텔레비전(日本テレビ), 텔레비전아사히(テレビ朝日), TBS, 텔레비전도쿄(テレビ東京), 후지텔레비전(フジテレビ)이다. 이들은 도쿄에 본사를 두고 각 지역민방과 연계하여 전국네트워크를 형성하고 있다.

일본에는 매우 오랫동안 방송하는 장수드라마가 많이 있다. 대표적인 것으로

는 사자에상(サザエさん), 치비마루코짱(ちびまるこちゃん), 미토고몬(水戸黄門) 등을 들 수 있다.

「사자에상」은 후지텔레비전에서 1969년에 시작하여 지금까지도 방송하고 있는 애니메이션방송으로 동명의 만화를 원작으로 한다. 2022년 현재 53년을 넘기며 세계에서 가장 오랫동안 방송하고 있는 텔레비전 애니메이션으로 기네스북에 등재되어 있다. 주인공 일가의 일상생활을 담은 내용으로 「국민적 애니메이션」으로 불린다. 등장인물의 이름이 대부분 해산물의 명칭인 것이 재미있다.

「치비마루코짱」은 동명의 만화를 원작으로 한 텔레비전 애니메이션으로 후지텔레비전 계열에서 방송하고 있다. 1990년에 시작하여 현재 약 1500회를 방송하고 있다. 주인공 마루코가 가족이나 친구들과 보내는 일상생활을 그리고 있다. 주인공의 초등학교 3학년 시절을 투영하여 시대설정이 1974년에서 1975년으로 항상 똑 같다.

미토고몬은 한국의 암행어사 역할을 한 주인공 미토고몬의 활약상을 그린 권선징악을 기본 내용으로 하는 사극이다. 가부키, 연극, 소설, 영화, 텔레비전드라마, 만화, 애니메이션 등 다양한 분야에서 활용되고 있다. 1954년에 시작하여 2019년에 종영할 때까지 여러 방송사가 참여하여 1300회 이상을 방영하였다.

일반적인 일본의 텔레비전드라마는 3개월 단위로 편성한다. 1주일에 한 번씩 방영하는 것이 기본이기 때문에 보통 12회로 완결된다. 「한자와 나오키」 「가정부 미타」 「꽃보다 남자」 「노다메 칸타빌레」 「고쿠센」 등은 한국에서도 방영하여 많은 인기를 끌었던 일본의 텔레비전드라마이다.

일본의 애니메이션영화도 세계적으로 인기를 얻고 있다. 현재까지의 일본 애니메이션영화 세계 흥행순위를 5위까지 살펴보면 1위 「극장판 귀멸의 칼날 : 무한열차편」(2020), 2위 「센과 치히로의 행방불명」(2001), 3위 「너의 이름은.」(2016), 4위 「하울의 움직이는 성」(2004), 5위 「벼랑 위의 포뇨」(2008)의 순이다.

제8장

일본의 문학

1. 고대와 중고의 문학
2. 중세와 근세의 문학
3. 근대와 현대의 문학

상식 더하기

불편부당【不偏不党】

어떤 특정한 주의나 사상, 당파에 치우치지 않고 중립적이며 공평한 입장에 서는 것을 의미합니다. 묵자(墨子)에 있는 말입니다. 공평무사(公平無私), 공명정대(公明正大) 등도 비슷한 뜻을 갖고 있습니다. 요즘에는 가끔 「불편부당하지 않게 일을 처리한다」와 같이 잘못 사용하는 경우가 있으니 주의를 요합니다. 「불편부당」하게 일을 처리해야 제대로 일을 처리하는 것이 됩니다.

명경지수【明鏡止水】

맑고 깨끗한 거울과 고요하고 잔잔한 물처럼 사념이나 잡념이 없이 맑게 개어 차분한 심경을 나타내는 말입니다. 장자(莊子)에 있는 말입니다. 이런 마음을 유지할 수 있으면 참 좋겠지요. 허심탄회(虛心坦懷)나 광풍제월(光風霽月)도 비슷한 의미를 갖고 있습니다.

1. 고대와 중고의 문학

일본의 문학에 대하여 시대적 흐름에 따라 특징적인 면을 간략하게 살펴보도록 한다. 전공하는 사람이 아니더라도 알아두면 좋을 기본적인 내용이다.

1.1 고대의 문학

일본의 문학사에서 고대문학은 나라시대(奈良時代, 710년~794년)까지의 문학을 가리킨다. 나라시대 이전까지를 포함하는 개념으로 상대(上代)라는 용어를 사용하기도 한다. 그러나 나라시대 이전의 문학은 구전문학의 요소가 강하고 그것을 문자로 기록을 한 저작물의 형태로 현존하는 것은 나라시대의 작품부터이다. 이 시대에는 신화와 전설, 시가집이 주를 이룬다.

【고지키(古事記)】

고지키(古事記, 712년)는 일본에 현존하는 가장 오래된 서적으로 역사서에 분류된다. 상중하의 3권으로 구성되어 있는데, 원본은 현존하지 않고 사본으로 전해지고 있다.

고지키는 역사서로 분류되지만, 일본의 전통시인 와카(和歌)의 모체가 되는 고대가요나 고대신화, 전설 등이 기록으로 남아 있기 때문에 일본문학의 태동을 알 수 있는 문헌으로서 문학사에서도 매우 중요시되고 있다.

【니혼쇼키(日本書紀)】

니혼쇼키(日本書紀, 720년)는 고지키와 더불어 일본의 신화에서부터 상대, 고대까지를 기록한 역사서로 이 둘을 합쳐서 「기기(記紀)」라 총칭하기도 한다. 30권으로 되어 있는 일본에 전해지고 있는 가장 오래된 정사(正史)로 일컬어진다. 단, 내용에 있어서 사서로서의 신빙성에 대해서는 비판적인 견해도 많다. 니혼쇼키에도 신화나 전설, 와카가 기록되어 있는 등 문학적인 요소도 가미되어 있다. 고지키와 니혼쇼키에 실려 있는 시가를 합쳐서 「기기가요(記紀歌謡)」라고도 한다.

【만요슈(万葉集)】

만요슈(万葉集, 760년경)는 20권으로 되어 있는 현존하는 가장 오래된 일본의 시가집이다. 연대가 특정되어 있지는 않으나 대략 나라시대 후반부로 보고 있다. 그때까지 전해지던 여러 가지 형태의 와카가 약 4500수, 한자로 기록되어 있다. 만요슈는 「만세에 길이 남을 여러 가지 시 모음집」이라는 뜻으로 풀이되고 있다.

만요슈에서는 뜻글자인 한자를 표음적으로 사용하여 한자의 뜻과는 상관없이 오로지 일본어의 소리를 한자로 표현하는 기법이 사용된다. 나중에 일본어의 문자인 가나로 발전하는 이 기법이 만요슈에서 많이 사용되었다고 하여 「만요가나」라고 한다. 언어학사에서도 매우 중요한 부분이다. 현재 사용하고 있는 「레이와(令和)」라는 연호는 만요슈가 출전인데 지금까지의 한문에서 비롯된 연호와는 달리 일본의 고전에서 비롯되었다는 특별한 의미가 있다.

◉ 와카(和歌)

와카(和歌)는 한시(漢詩)에 대비된 일본어로 된 시라는 뜻으로 붙여진 명칭이다. 단카(短歌), 쵸카(長歌), 세도카(旋頭歌)라는 세 종류로 구분된다. 단카(短歌)는 5·7·5·7·7의 31자로 구성되어 있는 정형시로 일본에서 가장 많이 사용하는 형식이다. 그래서 와카와 단카를 동일시하는 경우도 있다. 쵸카(長歌)는 5·7조를 세 번 이상 반복하고 마지막을 7로 맺는 형식인데 만요슈에서 많이 쓰인 형식이다. 세도카(旋頭歌)는 5·7·7조를 두 번 반복하는 형식으로 그렇게 많이 쓰이지는 않는다.

1.2 중고의 문학

중고시대(中古時代)는 고대와 중세의 사이에 있는 시대라는 뜻으로 주로 일본 문학사의 시대구분으로 사용하는 용어이다. 기본적으로 헤이안시대(平安時代, 794년~1185년)에 해당한다. 이 시기에는 일본어의 문자인 가나가 히라가나와 가타카나라는 두 가지 체계로 완성되었고, 이로 인하여 문장표현이 이전에 비하여 훨씬 풍성하게 된다. 여류작가가 특히 두각을 나타내는 시기이기도 하다.

【고킨와카슈(古今和歌集)】

고킨와카슈(古今和歌集, 905년)는 20권으로 되어 있는 시가집이다. 천황의 칙명에 의해 편찬된 최초의 시가집으로 알려져 있다. 칙명에 의해 국가적 사업으로 시가집을 편찬하기 시작하였다는 의미를 갖는다.

【겐지모노가타리(源氏物語)】

이 시기에는 모노가타리(物語)라는 일종의 소설 형식을 갖춘 산문문학이 발달하게 된다. 다케토리모노가타리(竹取物語, 10세기 중반)나 이세모노가타리(伊勢物語, 10세기 중반) 등 여러 종류가 있지만, 이 시대의 걸작은 역시 겐지모노가타리(源氏物語, 11세기 초엽)라고 할 수 있다. 무라사키 시키부(紫式部)라는 여류작가에 의해 쓰인 소설이다. 주인공인 히카루 겐지(光源氏)의 연애 편력이 주를 이룬 세계 최초의 장편 연애소설로도 알려져 있다. 한국에도 번역본이 있다.

【마쿠라노소시(枕草子)】

마쿠라노소시(枕草子)는 11세기 초엽에 여류작가인 세이 쇼나곤(清少納言)에 의해 쓰인 수필집이다. 겐지모노가타리와 함께 중고시대 문학의 쌍벽을 이루는 작품이다. 나중에 나올 「호죠키」 「쓰레즈레구사」와 더불어 일본 3대 수필의 하나로 꼽힌다.

마쿠라노소시는 한문체가 아닌 히라가나를 중심으로 한 일본어로 된 문체로도 의미를 지닌다. 이후의 시가 및 수필이나 소설에 지대한 영향을 끼친 작품이다.

◉ 일본 3대 수필(日本三大随筆)

일본 3대 수필은 일본문학사에서 중요한 위치를 차지하고 있기 때문에 거론되는 경우가 많다. 다음과 같은 세 종류의 수필집을 일본 3대 수필이라고 한다.

1) 마쿠라노소시(枕草子), 11세기 초, 세이 쇼나곤(清少納言) 작
2) 호죠키(方丈記), 1212년, 가모노 쵸메이(鴨長明) 작
3) 쓰레즈레구사(徒然草), 1330년, 요시다 겐코(吉田兼孝) 작

2. 중세와 근세의 문학

2.1 중세의 문학

일본문학사에서 중세(中世)는 가마쿠라막부(鎌倉幕府, 1185년~1333년)와 무로마치막부(室町幕府, 1336년~1573년) 및 100여 년에 걸친 전국시대(戦国時代)의 끝인 1603년까지를 가리킨다. 이 시기에는 오랜 전란에 의한 인생무상을 불교적인 색채를 가미하여 표현한 작품이 많이 나타났다.

【헤이케모노가타리(平家物語)】

헤이케모노가타리(平家物語)는 가마쿠라시대에 성립한 이야기로 「헤이케(平家)」라는 무사 가문의 흥망성쇠를 다룬 작품이다. 작자는 미상이다. 무사계급이 정치의 전면에 나서는 과정과 몰락하기 시작하는 헤이안 귀족의 인간군상을 알 수 있는 서사시이다. 주축은 헤이케 가문과 겐지 가문의 전쟁인데 초기에는 헤이케 가문이 이겼다가 결국에는 겐지 가문에 패하게 된다. 그 결과로 미나모토노 요리토모(源頼朝)가 가마쿠라막부라는 막부정치를 시작하는 초대 쇼군이 된다.

【호죠키(方丈記)】

호죠암자

호죠키(方丈記, 1212년)는 가모노 쵸메이(鴨長明)가 쓴 수필집이다. 일본 중세문학을 대표하는 수필집으로 일본 3대 수필 중의 하나이다. 가모노 쵸메이가 만년에 호죠(方丈)라는 조그만 암자에 은거하면서 당시의 세태를 관찰하고 기록하였다는 뜻으로 「호죠키」라고 이름 붙였다.

【쓰레즈레구사(徒然草)】

요시다 겐코(吉田兼孝)에 의해 쓰인 수필 쓰레즈레구사(徒然草)는 일본 3대 수필의 하나로 꼽힌다. 1330년 성립설과 1349년 성립설 등이 있다. 작품의 이름이기도 한 「쓰레즈레(徒然 : つれづれ)」, 즉 특별히 할 일도 없어 따분하고 심심하여 붓 가는대로 쓴 것이라는 서문은 자기의 작품에 대한 겸손함으로 평가되고 있다.

◉ 겐뻬이와 홍백노래자랑

당구를 치는 사람은 「겐뻬이」라는 말을 한 번쯤은 들어봤을 것이다. 주로 내기 경기를 가리키는 경우가 많다. 이 겐뻬이라는 용어는 「헤이케모노가타리」에서 나온 두 가문, 즉 「다이라(平)」라는 성을 가진 헤이케(平家) 가문과 「미나모토(源)」라는 성을 가진 겐지(源氏) 가문의 전쟁인 「겐뻬이합전(源平合戦)」에서 나온 말이다.

겐뻬이합전은 두 패의 경쟁을 나타내는 「홍백」이라는 말에도 영향을 미친다. 헤이케 가문은 붉은 색의 깃발을 사용하였고, 겐지 가문은 흰색 깃발을 사용하였기 때문에 쟁쟁한 두 패가 서로 경합하는 것을 말할 때 「홍백전」이라는 말을 쓰게 된 것이다. 가장 대표적인 예가 연말의 대형 음악방송인 「홍백노래자랑(紅白歌合戦)」이다. 홍백노래자랑은 남녀대항전이기 때문에 홍팀은 여자팀이고 백팀은 남자팀이다. 운동회 때 편 가르기를 할 때도 홍팀, 백팀으로 나누는데 이럴 때는 반드시 남녀대항은 아니다.

일본의 홍백전이 한국으로 오면서 청백전으로 바뀌었다. 운동회 때나 방송 등에서 편을 나눌 때 주로 사용한다. 청기, 백기의 근거로 설명하는 것이 좌청룡, 우백호의 음양오행설이다. 목(木), 화(火), 토(土), 금(金), 수(水)의 오행 중에서 청은 목(木)에 해당하는 푸른색이고 백은 금(金)에 해당하는 하얀색이다.

2.2 근세의 문학

근세는 에도막부(1603년~1868년)시대를 가리킨다. 이 시기에 특히 주목할 만한 것은 문학의 중요한 세 분야에서 거의 같은 시기에 걸출한 인물이 나타났다는 것이다. 이들은 겐로쿠시대(元禄時代, 1688년~1704년)에 활약하였기 때문에 「겐로쿠시대의 3문호」로 불린다.

겐로쿠시대의 3문호는 시 부문에 해당하는 하이쿠(俳句)의 마쓰오 바쇼, 소설 부문에 해당하는 우키요조시(浮世草子)의 이하라 사이카쿠, 연극 부문에 해당하는 조루리(浄瑠璃)의 치카마쓰 몬자에몬이다.

하이쿠(俳句)는 5·7·5조 17자로 되어 있는 세계에서 가장 짧은 정형시이다. 17자 안에 계절감을 나타내는 계절어(季語)를 반드시 넣도록 되어 있다. 기행문 형식으로 쓴 마쓰오 바쇼의 「오쿠노 호소미치(奥の細道)」라는 작품이 특히 유명하다. 하이쿠와 같은 5·7·5조이지만 계절어를 반드시 넣지 않아도 되는 형식은 센류(川柳)라고 한다.

우키요조시(浮世草子)는 이전부터 있었던 이야기 형식에 오락성을 강화하고 당시의 풍속이나 의리와 인정에 엮인 여러 모습들을 소설 형식으로 묘사한 새로운 장르로, 에도시대에 생겨난 근세문학의 중요 형식의 하나이다. 오랜 전란을 마치고 안정적이고 평화로운 시대가 열리면서 사회의 주요 인물로 대두된 상공인들의 생활상을 많이 묘사하였다. 경제력을 바탕으로 한 이와 같은 상공인들은 특히 「초닌(町人)」이라고 불렸다. 이하라 사이카쿠(井原西鶴)의 「호색일대남(好色一代男)」「호색오인녀(好色五人女」「세켄무나잔요(世間胸算用)」 등이 대표적이다.

조루리(浄瑠璃)는 샤미센(三味線)이라는 일본 전통 악기의 반주에 맞추어 이야기를 풀어나가는 형식으로 극중 인물의 대사나 표정, 연기 등을 포함하기 때문에 연극적인 성격이 강하다. 조루리와 주로 인형을 조정하면서 이야기를 풀어나가는 형식을 인형조루리라고 하는데 치카마쓰 몬자에몬이 유명하다.

◉ 계절어(季語)

계절어는 하이쿠(俳句)에 반드시 넣어서 활용해야 하는 특정한 계절을 나타내는 단어를 말한다. 계절어를 일본어로는 「기고(季語 : きご)」라고 한다.

대표적인 계절어를 각 계절별, 분야별로 간단하게 정리해 보면 다음과 같다. 봄 하면 「꽃(花)」이 생각나고, 여름 하면 「두견새(ほととぎす)」, 가을 하면 「달(月)」이나 「단풍(紅葉)」, 겨울 하면 「눈(雪)」과 같이 각 계절의 특색을 나타내는 용어가 기본적으로 활용된다고 생각하면 된다. 24절기에 해당하는 말은 계절감을 확실하게 보여주는 만큼 계절어로 가장 많이 사용되기도 한다.

〈봄의 계절어〉

계절 : 정월(睦月), 이월(二月), 입춘(立春), 삼월(三月), 꽃샘추위(花冷え)

생활 : 쑥떡(草餅), 꽃놀이(花見), 졸업(卒業), 입학(入学), 춘투(春闘)

동물 : 꾀꼬리(鶯), 꿩(雉), 제비(燕), 종달새(雲雀), 개구리(蛙)

식물 : 매화(梅), 동백꽃(椿), 벚꽃(桜), 철쭉(躑躅), 목련(木蓮)

음식 : 쑥갓(春菊), 미나리(芹), 바지락(浅蜊), 소라(栄螺), 미역(若布)

〈여름의 계절어〉

계절 : 입하(立夏), 열대야(熱帯夜), 장마(梅雨), 남풍(南風), 소나기(夕立)

생활 : 모기장(蚊屋), 부채(団扇), 양산(日傘), 유카타(浴衣), 풍경(風鈴)

동물 : 박쥐(蝙蝠), 두견새(時鳥), 반딧불이(蛍), 금붕어(金魚), 매미(蝉)

식물 : 자양화(紫陽花), 해바라기(向日葵), 딸기(苺), 살구(杏), 앵두(桜桃)

음식 : 조기(石首魚), 장어(鰻), 미꾸라지(泥鰌), 가지(茄子), 팥빙수(欠き氷)

〈가을의 계절어〉

계절 : 입추(立秋), 처서(処暑), 중추(仲秋), 달(月), 은하수(天の川)

생활 : 꽃밭(花園), 가을비(秋雨), 벼베기(稲刈), 풍년(豊年), 씨름(相撲)

동물 : 귀뚜라미(蟋蟀), 쓰르라미(蜩), 잠자리(蜻蛉), 멧돼지(猪), 사슴(鹿)

식물 : 단풍(紅葉), 낙엽(落葉), 싸리(萩), 마타리(女郎花), 나팔꽃(朝顔)

음식 : 꽁치(秋刀魚), 팥(小豆), 수박(西瓜), 복숭아(桃), 무화과(無花果)

〈겨울의 계절어〉

계절 : 초겨울(小春), 제야(除夜), 입동(立冬), 첫눈(初雪), 고드름(氷柱)

생활 : 이불(布団), 난방(暖房), 연말(年末), 고타쓰(火燵), 화로(火鉢)

동물 : 학(鶴), 매(隼), 수리(鷲), 원앙(鴛鴦), 올빼미(梟)

식물 : 마른 잎(枯葉), 순무(蕪), 파(葱), 자몽(朱欒), 귤(蜜柑)

음식 : 곶감(干柿), 스키야키(鋤焼), 참치(鮪), 오뎅(おでん), 동짓죽(冬至粥)

3. 근대와 현대의 문학

3.1 근대의 문학

일본의 근대문학은 주로 메이지시대부터 종전(1868년~1945년)까지를 가리키는 경우가 많다. 메이지시대(1868년~1912년), 다이쇼시대(1912년~1926년), 쇼와시대(1926년~1989년) 전기까지가 해당한다.

메이지시대는 문명개화의 시기로 일본문학에 있어서도 커다란 변혁이 일어나게 된다. 특히 그때까지의 한문 형식에 기초한 정형화된 틀에서 벗어나 대화형식의 자유로운 문장을 구사한 언문일치체(言文一致体)의 문장이 등장하게 된다. 「문학(文学)」이라는 용어 자체가 이 시기에 만들어진 번역어이다. 언문일치체의 문장은 라디오와 같은 미디어와 출판기술의 발달로 전국적인 전파를 탔다.

문명개화의 시기에는 계몽사상가가 활동하게 된다. 대표적인 사람이 후쿠자와 유키치(福沢諭吉)이다. 후쿠자와 유키치의 계몽서 「학문의 권장(学問のすすめ)」은 일본 최초의 밀리언셀러를 기록하였다. 「서유견문」을 쓴 유길준도 후쿠자와 유키치의 제자로 이때 만들어진 많은 번역어가 한국어에 들어오게 된다.

쓰보우치 쇼요(坪内逍遥)는 「소설신수(小説神髄)」라는 소설론을 써서 일본에 서양적인 소설 기법을 소개한다. 이에 자극을 받은 후타바테이 시메이(二葉亭四迷)는 「우키구모(浮雲)」를 발표하는데 이는 일본 근대소설의 효시이자 언문일치소설의 효시라고 일컬어진다.

이 시기에는 나쓰메 소세키(夏目漱石)」라는 근대문학의 거장이 나타난다. 한국어로도 번역된 「도련님(坊っちゃん)」은 특히 유명하다. 이외에도 수많은 작가와 작품, 여류작가 등이 왕성하게 활약하였다.

다이쇼시대는 특히 「사소설(私小説)」의 발달로 유명하다. 사소설은 소설기

법의 한 패턴으로 작가자신이 자기의 생활체험을 서술하면서 심경을 전개해가는 작품이다. 심경소설이라고도 한다. 쇼와시대 전기에는 프롤레타리아문학의 풍조가 발생하였다.

3.2 현대의 문학

일본의 현대문학은 전후인 1945년부터 현재까지의 문학을 가리키는 경우가 일반적이다. 쇼와시대(1926년~1989년) 후기와 헤이세이시대(1989년~2019년) 및 레이와시대인 현재가 포함된다.

가와바타 야스나리(川端康成)가 1948년에 완성한 장편소설「설국(雪国)」은 1968년에 일본 최초로 노벨문학상을 받게 한 소설이다.「설국」은 영화화되었고, 텔레비전드라마, 라디오드라마, 연극과 만화로도 선보였다.

1952년에 발표된 쓰보이 사카에(坪井栄)의「스물네 개의 눈동자(二十四の瞳)」는 반전사상을 기본에 깔고 있는 작품으로 전쟁이 일반인에게 가져오는 수많은 고난과 비극을 묘사한 감동적인 작품이다. 학생들이 꼭 읽기를 권하는 소설이다. 이 작품은 영화와 텔레비전드라마, 애니메이션 등으로 제작되어 많은 인기를 얻었다.

헤이세이시대에는 무라카미 하루키(村上春樹)가 두각을 나타내었다.「노르웨이의 숲(ノルウェイの森」(1987),「1Q84」(2009) 등은 한국에서도 많은 인기를 얻었다.

다와라 마치(俵万智)는 1987년에「샐러드기념일(サラダ記念日)」이라는 단카집을 발표하면서 어렵게만 느껴졌던 단카를 친근한 시적 감각으로 접근하게 한 작품으로 평가받았다. 순수한 심성을 그린「샐러드기념일」이 베스트셀러를 기록한 이후,「초콜릿혁명(チョコレート革命)」(1997)」이라는 성인용 단카를 발표하였다.

1990년대부터는 라이트노벨의 등장도 주목할 만하다. 라이트노벨은 일본의 만화기법을 응용하여 주로 10대의 청소년을 타깃으로 한 엔터테인먼트성 소설을 말한다. 가볍게 접근할 수 있는 읽을거리가 풍부하다.

2000년대에 들어서서는 인쇄되어 있는 문학작품보다는 스마트폰 등의 발달로 시각적으로 보고 느낄 수 있는 방향으로 여러 작품에 접근하는 경향이 보인다.

3.3 일본의 문학상

일본에는 여러 종류의 문학상이 있다. 순문학과 관련해서는 30여 종의 문학상이 있고, 대중문학과 관련해서도 30종 이상의 문학상이 있다. 역사소설이나 경제소설, 라이트노벨에 관련한 문학상 등이 따로 준비되어 있다. 매년 가장 관심을 갖고 지켜보는 대표적인 문학상을 이하에 제시한다.

1) 아쿠타가와상(芥川賞)

아쿠타가와상은 신인작가를 대상으로 순문학적인 요소가 강한 작품을 선정하여 시상하는 문학상이다. 일본문학진흥회 주최로 1935년부터 매년 시상하고 있다. 기쿠치 칸(菊池寛)에 의해 창설된 이래 1년에 두 번 시상하는 것을 원칙으로 한다. 수상작은 잡지『문예춘추』에 게재된다. 현재까지의 수상자로 보면 최연소 수상자가 19세이고 최연장 수상자가 75세이다.

2) 나오키상(直木賞)

나오키상은 대중성이 있는 작품을 대상으로 선정하여 시상하는 문학상이다. 아쿠타가와상과 같은 일본문학진흥회의 주최로 1935년에 기쿠치 칸(菊池寛)

에 의해 시작되어 1년에 두 번 시상하는 것을 원칙으로 하고 있다. 잡지『문예춘추』와 불가분의 관계에 있기 때문에『문예춘추』에서 간행하였거나 같은 회사의 잡지에 게재된 소설에 대해 많이 수여되는 경향이 있다.

3) 서점대상(本屋大賞)

「혼야(本屋)」는 서점이라는 뜻이다. 서점대상은 2004년에 설립된 새로운 문학상이다. 일반적으로 일본의 문학상은 주최는 출판사가 많고 선정위원은 작가나 문학자인 경우가 대부분인데, 서점대상은 신간을 취급하는 서점의 점원이 투표하여 수상작을 결정한다. 1년에 한 번 시상하는데, 현재는 아쿠타가와상이나 나오키상을 수상한 작품보다도 더 인기를 얻고 있다.

이밖에 시대소설이나 역사소설을 대상으로 한「역사시대작가클럽상」, 청춘소설을 대상으로 한「봇창문학상」, 추리소설을 대상으로 한「신초미스터리대상」, 라이트노벨을 대상으로 한「노벨대상」, 웹소설을 대상으로 한「웹컨텐츠대상」등 다양한 종류의 문학상이 있다.

제9장

언어의 상호작용

1. 일본어 안의 한국어
2. 한국어 안의 일본어
3. 영어가 된 일본어

상식 더하기

화광동진 【和光同塵】

뛰어난 재능을 숨기고, 세속에 파묻혀 살아가는 것을 뜻합니다. 「화광(和光)」은 재능의 힘을 누그러뜨리는 것, 「동진(同塵)」은 속세에 맞춰가는 것을 나타냅니다. 험한 세상을 살아가는 처세술의 하나라고 볼 수도 있겠네요. 노자(老子)에 나오는 말입니다. 내청외탁(内清外濁)도 비슷한 뜻입니다.

실천궁행 【実践躬行】

이론 등을 자기 자신이 실제로 경험하면서 행동에 옮기는 것을 뜻하는 표현으로 실천하는 것의 소중함을 일깨워주는 말입니다. 「궁(躬 ; 몸 궁)」은 자기 자신을 뜻합니다. 솔선궁행(率先躬行), 솔선수범(率先垂範) 등과 비슷한 의미입니다.

1. 일본어 안의 한국어

언어의 국제화 내지는 상호작용에 대해 생각해 보도록 하자. 언어는 한 나라에서 고립적으로 발전하여 유지되는 경우는 거의 없다. 주변에 있는 여러 나라와 관련을 맺으면서 자국어를 전파하는 경우도 있고 타국어가 유입되는 경우도 있다. 그러한 과정을 거쳐 자국어화하는 경우도 많다. 이것은 자연스러운 과정이기 때문에 선별을 할 필요성은 있지만 굳이 모든 것을 배척할 것도 아니라고 생각한다.

여기에서는 일본어에서 다른 나라에 영향을 미친 용어를 중심으로 살펴보도록 한다. 먼저, 한국어와 일본어의 관계에 있어서 알고 있는 것이 좋을 내용과 생각해 봐야 할 것을 살펴보고, 일본어에서 영어화한 용어들을 알아보기로 한다.

고대일본어에는 한국어의 영향이 많았다. 이 점에 대해서는 한국 측 학자들에 의해 지속적으로 지적되고 있다. 단, 이들은 세월이 많이 흘러 일본인들의 인식 속에 외래 용어라는 개념이 거의 없다. 이들은 그냥 일본어화한 것이다. 또한 어원에 관한 설은 여러 가지가 있을 수 있기 때문에 어느 한 가지만을 가지고 그것이 전부라고 고집할 수도 없다. 앞으로 제시할 용어에 대해서도 이견이 있을 수 있다.

먼저, 일본어화한 용어, 즉 일본어 자체로 인식하고 있는 몇 가지를 제시하자면 다음과 같다. 일본 고대시대를 상징하는 지금의 나라지역을 나타내는 「나라(なら, 奈良)」, 처음, 시작, 최초의 의미로 사용하는 「하나(はな, 端)」, 「낫」에서 변화하여 손도끼라는 뜻으로 사용하는 「나타(なた, 鉈)」, 맘마, 밥을 의미하는 「맘마(まんま, 飯)」, 「왔소」에서 비롯된 축제 때의 함성인 「왓쇼이(わっしょい)」 등이 그와 같은 예이다.

현대일본어에서 외래어는 기본적으로 가타카나로 표기하게 되어 있는데 위의 용어들은 이미 일본어 안에 융화되어 있기 때문에 히라가나로 표기한다. 한자로 표기하는 것은 한자의 음을 빌린 차자이거나 뜻에 의한 훈을 대입시킨 것이다. 또한 이들 중에는 한국어 어원이 아니라는 이견도 일본 측에서 꾸준히 제기되고 있다.

이들과는 달리 다음과 같은 비교적 현대적인 외래어는 한국어에서 건너간 외래어라는 데에 이견이 없다. 예를 들면 「멘타이」는 한국어의 「명태」에서 왔다는 것을 어원에 관심 있는 일본인들은 대부분 인지하고 있고, 사전에도 표시되어 있다. 「멘타이」는 히라가나로 표기하는 경우가 많지만 그 외에는 대부분 가타카나로 표기한다.

◉ 멘타이(めんたい, 明太) : 명태	뎃창(テッチャン) : 곱창
총가(チョンガー, 総角) : 총각	기무치(キムチ, 沈菜) : 김치
비빔바(ビビンパ) : 비빔밥	가루비(カルビ) : 갈비
고추장(コチュジャン) : 고추장	사무게탕(サムゲタン, 参鶏湯) : 삼계탕
칭구(チング) : 친구	밧치(パッチ) : 바지
치게(チゲ) : 찌개	가쿠테키(カクテキ) : 깍두기
치지미(チヂミ) : 지짐이	톳포기(トッポギ) : 떡볶이
쟈푸채(チャプチェ) : 잡채	부루고기(プルゴギ) : 불고기
육게(ユッケ) : 육회	

이와 같이 음식 관련 용어가 많이 사용되고 있다. 「냉면(冷麵)」은 일본식으로 「레에멘」으로 발음하는 경우가 일반적이지만 근래에는 「ネンミョン(냉면)」으로 말하는 경우도 있으며 사전에서는 한국요리임을 밝히고 있다.

2. 한국어 안의 일본어

2.1 원음이 잔존하고 있는 용어

다음은 일본어의 원음이 약간의 변화를 거쳐 과거의 흔적을 드리우고 있는 용어들이다. 「땡땡이」는 한국어 같지만 일본어식 발음이다. 표준국어대사전을 찾아보면 「물방울무늬」로 가라고 되어 있다.

◉ 노가다(土方) : 막일
다찌집(立飲み屋+집) : 목로주점
고도리(五鳥) : 새 다섯 마리
아나고(穴子) : 붕장어
우나기(鰻) : 장어
와리바시(割り箸) : 나무젓가락
땡깡(てんかん) : 억지
나와바리(縄張り) : 영역
하꼬방(箱+방) : 콩만한 방
미싱(ミシン) : 재봉틀
소데(袖) : 소매
기지(生地) : 옷감
아이롱(アイロン) : 다리미
무데뽀(無鉄砲) : 막무가내
몸뻬(もんぺ) : 일바지
빤쓰(パンツ) : 팬티
도모다찌(友達) : 친구
이자카야(居酒屋) : 선술집
야매(闇) : 뒷거래
하모(はも) : 갯장어
쓰끼다시(つきだし) : 밑반찬
요지(楊枝) : 이쑤시개
시다바리(下働き) : 하급일꾼
단스(箪笥) : 옷장
함바집(飯場+집) : 현장식당
에리(衿) : 옷깃
나시(無し=소데나시) : 민소매
우라(裏) : 안감
고바이(勾配) : 언덕길
땡땡이(点々+이) : 물방울무늬
히로뽕(ヒロポン) : 필로폰
빵꾸(パンク) : 펑크

만땅(満タン) : 가득 채움　　빵끼(ペンキ) : 페인트

공구리(コンクリ=コンクリート) : 콘크리트

다꾸앙(たくあん) : 단무지　　찌찌(乳) : 젖

꼬붕(子分) : 졸개　　오야붕(親分) : 대장

다대기(たたき) : 다짐　　찌라시(ちらし) : 전단지

곤조(根性) : 근성　　입빠이(いっぱい) : 가득

츤데레(ツンデレ) : 차가운 듯 따뜻한 사람

코스프레(コスプレ) : 분장놀이　　시마리(しまり) : 야무짐, 힘

빠가야로(馬鹿野郎) : 멍청한 놈　　쇼부(勝負) : 승부

왔다리 갔다리(왔다+たり 갔다+たり) : 왔다갔다

가오(顔) : 얼굴　　간지(感じ) : 느낌

겐세이(牽制) : 견제　　마끼(巻き) : 김말이

쎄쎄쎄(せっせっせ) : 쎄쎄쎄　　덕후(おたく) : 마니아

보이라(ボイラー) : 보일러　　복지리(복어+ちり) : 복맑은탕

조시(調子) : 상태　　사쿠라(さくら) : 야바위꾼

「테레비, 리모콘, 와이셔츠, 파마, 가마솥, 가마니」와 같은 용어는 일본어식 표현이라는 것을 거의 인지하지 못한다. 「가마솥」이나 「가마니」와 같은 것은 오히려 고유한국어인 것처럼 인식되어 있을 정도이다. 「가마솥」은 한국어 「솥」에 해당하는 일본어 「가마(かま)」가 앞에 붙은 말이고, 「가마니」는 일본어 「가마스(叺)」가 변한 말이다. 「담배, 가방」은 일본어에서나 한국어에서나 외래어인데 일본인이나 한국인이나 외래어라는 인식이 거의 없다. 단, 「다다미(たたみ)」는 일본어에서 들어온 외래어로 표준국어대사전에 실려 있다.

2.2 국제어화한 용어

영어가 된 일본어 편에서 다시 나오지만, 다음과 같은 용어는 이미 국제적으로 인정되는 용어이다. 한국어에서는 한국어로 변환하여 사용되는 경우가 일반적이다.

◉ 가라오케(노래방), 와사비(고추냉이), 돈가스
오뎅(어묵), 스시(초밥), 사시미(생선회)
덴푸라(튀김), 우동(가락국수), 짬뽕, 다쿠앙(단무지)

여기에서는 「짬뽕」과 관련한 얘기를 덧붙이기로 한다. 짬뽕의 원조라고 알려진 「나가시키짬뽕」에 관한 얘기이다. 「나가사키짬뽕」은 메이지시대 중기 나가사키에서 시카이루(四海楼)라는 중국요리집의 사장이 중국에서 온 유학생을 위해 고안한 요리이다.

나가사키짬뽕(長崎チャンポン)

짬뽕의 어원에 관해서는 여러 가지 설이 있다. 일본어 어원은 전통적인 타악기의 음률에서 비롯되었다는 것이다. 즉, 꽹과리(鉦, かね)의 소리인 「짱(ちゃん)」과 장구(鼓, つづみ)의 소리인 「뽕(ぽん)이 합쳐져 「짬뽕(ちゃんぽん)」이 되었다는 설이다. 일본어 발음상 「뽕」 앞에 있는 「짱」은 「짬」으로 발음하게 되어 있다. 전통적인 아악 교육을 할 때 이 운율이 맞지 않는 것을 「짬뽕, 짬뽕」이라고 지적하면서 「제대로 된 방식이 아닌 것」이라는 뜻으로 전용된 것이다.

실제로 시카이루에서 짬뽕이 시작된 계기가 전통적인 요리 방식이 아니라 영업이 끝나고 난 후 배고픈 중국 유학생을 불러 모아 쓰다 남은 재료를 이것저것 막 섞어서 끓여 먹인 데에서 비롯되었고, 이것을 제대로 된 요리 방식이 아니라는 뜻으로 짬뽕이라고 했다는 것이다. 일본의 짬뽕은 하얀 국물인데 이것이 한국에 오면서 한국인 입맛으로 빨갛게 되었다.

2.3 한국어로 음역한 용어

한국어로 음역된 용어에 대한 인식은 천차만별이다. 어떤 것은 이미 한국어화되어 있기 때문에 한국어의 일부라고 보는 것이 좋은 것도 있고, 그냥 한국어로 인식되어 별다른 거부감 없이 일반화되어 있어서 거의 지적하지 않지만 필자가 보기에는 더 문제가 심한 것들도 있다. 어떤 것은 문제가 제기되지만 같은 선상에 있는 다른 용어는 문제가 되지 않는 등, 일관성에도 문제가 있다. 그 외에도 우리가 한 번쯤은 짚고 넘어가야 할 용어들이 있다.

다음과 같은 용어를 살펴보자. 일본이 메이지시대 때에 외국의 국명을 일본어식 발음에 의거하여 한자를 대입시킨 용어를 한국어 음으로 그대로 음역한 것이다. 예를 들면 「독일(独逸), 호주(豪州), 불란서(仏蘭西), 비율빈(比律賓), 서반아(西班牙), 이태리(伊太利)」와 같은 용어는 일본어로 읽으면 원음에 가깝지만 한국어음으로 읽으면 원음에서 멀어진다.

최근에도 일본어를 직역하거나 음역한 용어가 무분별하게 사용되는 경우도 있다. 예를 들면 「목넘김(喉越し), 전향적(前向きに), 수순(手順), 수타(手打), 십분(十分)」과 같은 용어는 일본어식 표현으로 아직 한국어 사전에는 공식적으로 등재되어 있지 않은 표현이다. 「화과자(和菓子)」와 같은 용어도 이와 동일한 맥락으로 해석할 수 있다.

그러나 다음과 같이 한국어화한 일본제한자어는 이미 한국어라고 보는 것이 합당할 것으로 보인다. 일본제한자어(和製漢語)란 에도시대 후기부터 메이지시대에 걸쳐 일본이 서구 근대문명을 받아들일 때 일본인에 의해 만들어진 번역어를 말한다. 네덜란드어나 포르투갈어, 영어 등을 번역할 때에 만들어진 것이 많다. 예를 들면 「철학(哲学), 과학(科学), 우편(郵便), 공산주의(共産主義)」 등 우리에게 친숙한 용어들이 많다.

이와 같은 일본제한자어는 현대중국어에서 사용되는 경우도 많다. 「정치(政

治), 경제(経済), 사회(社会), 과학(科学), 이론(理論), 봉건(封建), 철학(哲学), 사상(思想), 자유(自由), 주의(主義), 개념(概念), 부정(否定), 인민(人民), 공화국(共和国)」과 같이 일본에서 만들어진 한자어가 중국으로 역수출되어 중국에서도 일반적으로 사용되고 있는 것이다. 물론 이들은 한국어에서도 사용된다.

「republic」의 번역어로는「공화국」과「민국」이 있었는데 일본에서는 최종적으로「공화국」이 사용되었고「민국」은 정착하지 못하였다. 그런데 북한의 공식명칭인「조선민주주의인민공화국」의 영문표기는「Democratic People's Republic of Korea」이기 때문에「공화국」의 뜻으로「republic」을 사용하고 있고, 한국의 공식명칭인「대한민국」은「Republic of Korea」로 영문표기하기 때문에「민국」의 뜻으로「republic」을 사용하고 있다. 중국의 공식명칭인「중화인민공화국」의 영문표기는「The People's Republic of China」이기 때문에 북한과 마찬가지로「공화국」의 뜻으로「republic」을 사용하고 있다.

일본제한자어를 한국어로 음역하여 사용하고 있는 대표적인 용어를 들어보도록 하자. 괄호 안에 있는 한국어는 일본어 어원이기 때문에 한국어로 바꿔야 한다고 주장할 때의 대체용어 중에서 대표적인 것이다.「전화」를 요즘에「번개딸딸이」라고 하는 사람은 없겠지만, 필자가 70년대의 중학교 국어시간에 들었던 설명이 너무 강렬하여 지금도 기억하고 있기에 쓴 것이다. 당시에는 한글전용파와 국한문혼용파가 첨예하게 대립하던 시기였는데,「번개딸딸이」는 한글전용파가 우세하던 때의 표현이다. 혹시나 하여 2022년 표준국어대사전을 검색해보니 놀랍게도「전화기를 속되게 이르는 말」로 사전에 실려 있다.

◉ 과학(科学), 철학(哲学), 민주(民主), 공화(共和), 달인(達人)
도정(搗精), 모포(毛布), 방명록(芳名録), 가봉(仮縫), 노견(路肩)
신입생(新入生), 담합(談合, 짬짜미), 대하(大蝦, 큰새우)

결석계(欠席届), 계주(継走), 고객(顧客), 물류(物流), 택배(宅配)
대합실(待合室, 기다림방, 맞이방), 추월(追越, 앞지르기)
대절(貸切, 전세), 할인(割引), 돌풍(突風), 호우(豪雨)
재테크(財テク, 재산증식), 물의(物議, 말썽), 전화(電話, 번개딸딸이)
사물함(私物函, 개인 물건 보관함), 이서(裏書), 지불(支払), 변제(返済)
융자(融資), 엔고(円高), 구좌(口座), 임금(賃金), 대출(貸出), 대체(代替)
대금(代金), 부도(不渡), 잔고(残高), 대통령(大統領)
입구(入口), 출구(出口), 출입구(出入口)

또 한 가지, 생각해 봐야 할 것이 있다. 일본어와 발음이 같으면 일본어인가에 대한 것이다. 가장 대표적인 것이 「산보(散歩)」이다. 이것은 일본어와 한자도 같고 발음도 같다. 그래서 일본어로 인식하여 거부감을 갖는 경우가 많다. 그러나 한국어 안에 있는 「산보」는 한국어라고 생각한다. 표준국어대서전에도 「휴식을 취하거나 건강을 위하여 천천히 걷는 일」이라는 풀이만 있을 뿐, 일본어 어원이라는 설명은 없다. 일본어에서 주로 쓰는 용어인 것은 맞지만 일본어에서 이 말이 건너오기 전부터 이 용어가 존재하였다는 주장도 제기되고 있다.

한자어로 되어 있는 용어는 발음이 같은 경우가 꽤 있는데, 이와 같이 발음이 같다고 하여 일본어라고 한다면 한국어의 어휘를 줄이는 것 이외에는 별 효과나 의미가 없다. 따라서 다음과 같은 용어는 일본어도 발음이 같지만 한국어 안에서 쓸 때는 그냥 한국어이다. 각자의 생각을 존중할 필요가 있다.

◉ 산보(散歩), 기린(麒麟), 안마(按摩)
사기(詐欺), 간단(簡単), 기류(気流)
묘기(妙技), 묘미(妙味), 묘안(妙案)
안도(安堵), 안주(安住), 온도(温度)
기미(気味), 기온(気温), 가미(加味)

가산(加算), 우모(羽毛), 치산(治山)

가요(歌謡), 계산(計算), 산도(酸度)

유리(有利), 무리(無理), 아류(亜流)

무시(無視), 치료(治療), 산만(散漫)

가치(価値), 시사(示唆), 계류(渓流)

발음이 같지는 않지만 「야채」는 어떠한가? 「야채(野菜)」는 일본어식 표현이니 한국어식인 「채소(菜蔬)」로 바꾸어서 표현해야 된다는 얘기를 많이 듣는다. 일본어에도 「야채(やさい)」도 있고 「채소(さいそ)」도 있지만 「채소(さいそ)」라는 단어를 일반적으로 사용하지 않는 것은 맞다. 그러나 「야채(やさい)」는 일본에서 쓰는 말이기 때문에 한국어에서 써서는 안 된다는 것은 어불성설이다. 표준국어대사전에도 「야채」는 「들에서 자라나는 나물」이라고만 되어 있지 일본어 어원이라는 설명은 어디에도 없다. 「채소」는 「밭에서 기르는 농작물」이다. 원래는 들에서 자라나는 나물을 요즘에는 밭에서 경작하는 경우가 많으니 의미의 변화가 발생한 용어로 보는 것이 마땅할 것이다.

3. 영어가 된 일본어

3.1 영어에서 통하는 일본어

일본어에서 영어가 된 단어들이 많이 존재한다. 일본어에서 영어로 차용된 용어이다. 이 중에는 원래 라틴어나 영어에서 들어와서 일본어화한 후에 다시 영어로 들어간 단어들도 있고, 한자어이지만 일본어식 발음이 영어로 들어간 단어들도 있다.

우리에게 익숙한 용어 외에도 들으면 금방 알 수 있는 다음과 같은 용어도 일본어에서 영어로 발전된 단어들이다. 알파벳 순서로 로마자 표기, 일본어 표기, 한국어 뜻의 순서로 제시한다.

1) A, B, C

aikido	合気道	합기도	anime	アニメ	애니메이션
AV	アダルトビデオ	성인비디오	bakayaro	馬鹿野郎	바보
banzai	万歳	만세	bento	弁当	도시락
bishojo	美少女	미소녀	bishonen	美少年	미소년
boke	ボケ	흐릿한 렌즈 효과	bonsai	盆栽	분재
bosozoku	暴走族	폭주족	bushido	武士道	무사도
cosplay	コスプレ	코스튬플레이			

2) D, E, F

dango	団子	경단	dojinshi	同人誌	동인지
edamame	枝豆	풋콩안주	emoji	絵文字	그림문자
enka	演歌	엔카	freeter	フリーター	프리랜서

3) G, H, I

gaijin	外人	외국인	geisha	芸者	게이샤
gingko	銀杏	은행나무	go	碁	바둑
Golden Week	ゴールデンウィーク	골든 위크	gomoku	五目並べ	오목
gyaru	ギャル	여성의 속어	gyoza	餃子	만두
harakiri	腹切り	할복	hachimaki	鉢巻	머리띠
hentai	ヘンタイ	변태	hikikomori	ひきこもり	두문불출족
hiragana	ひらがな	히라가나	ikebana	生け花	꽃꽂이

4) J, K, L

jidaigeki	時代劇	사극	judo	柔道	유도
juku	塾	학원	kabuki	歌舞伎	가부키
kamikaze	神風	가미카제	kana	仮名	가나
kanban	看板	간판	kanji	漢字	한자
karaoke	空オケ	가라오케	karate	空手	가라테
katakana	カタカナ	가타카나	katsudon	カツ丼	가쓰동
kawaii	可愛い	귀엽다	keitai	携帯	휴대폰
keirin	競輪	경륜	kimono	着物	기모노
kendo	剣道	검도	kisha club	記者クラブ	기자클럽
koban	交番	파출소	konnyaku	蒟蒻	곤약
konjo	根性	근성	koto	琴	거문고
kunoichi	くノ一	여자 닌자	lolicon	ロリコン	롤리콘
loose socks	ルーズソックス	헐렁한 양말			

5) M, N, O

manekineko	招き猫	복고양이	manga	漫画	만화
mecha	メカ	메카	mikado	帝	천황
miso	味噌	된장	moe	萌え	호의의 속어
mojibake	文字化け	문자 깨짐	mottainai	もったいない	아깝다
natto	納豆	낫토	nikkei	日系	일본계
ninja	忍者	닌자	nintendo	任天堂	닌텐도
nori	海苔	김	nunchaku	ヌンチャク	쌍절곤
onigiri	おにぎり	주먹밥	onsen	温泉	온천
origami	折り紙	종이접기	otaku	おたく	오타쿠
oyaji	親父	아저씨			

6) P, Q, R

pachinko	パチンコ	파친코	panchira	パンチラ	팬티 살짝
purikura	プリクラ	스티커 사진	ramen	ラーメン	라면
randoseru	ランドセル	메는 가방	romaji	ローマ字	로마자
ronin	浪人	재수생	ryokan	旅館	여관

7) S, T, U

sake	酒	사케	samurai	侍	무사
sashimi	刺身	사시미	seiyu	声優	성우
sento	銭湯	대중목욕탕	seppuku	切腹	할복
shabu-shabu	しゃぶしゃぶ	샤브샤브	shamisen	三味線	샤미센
shiatsu	指圧	지압	shinkansen	新幹線	고속열차
shinto	神道	신토	shogi	将棋	장기
shogun	将軍	쇼군	shunga	春画	춘화

soba	蕎麦	메밀국수	shoyu	醤油	간장
sudoku	数独	스도쿠	sukiyaki	すき焼き	스키야키
sumo	相撲	스모	sushi	寿司	스시
takarazuka	タカラヅカ	다카라즈카	tanka	短歌	단가
tarento	タレント	탤런트	tatami	畳	다다미
tempura	天ぷら	덴푸라	tenno	天皇	천황
tenugui	手拭い	손수건	teriyaki	照り焼き	데리야키
tofu	豆腐	두부	tonkatsu	豚カツ	돈가스
tsunami	津波	쓰나미	udon	うどん	우동
ukiyo-e	浮世絵	우키요에	umami	旨み	감칠맛

8) V, W, X, Y, Z

visual kei	ヴィジュアル系	비주얼 계	wasabi	わさび	와사비
wasei-eigo	和製英語	일본식영어	wota	ヲタ	오타쿠
yakitori	焼き鳥	꼬치구이	yakuza	ヤクザ	야쿠자
Yen	円	엔	yuri	百合	동성애
zabuton	座布団	방석	zaibatsu	財閥	재벌
zen	禅	참선	zori	草履	조리 짚신

3.2 일본식영어

일본식영어(和製英語)는 원어는 영어이지만 일본에서 원래의 영어와는 다른 뜻으로 사용되는 것을 말한다. 일본 내에서 뿐만 아니라 한국 등 다른 나라에서 사용되기도 한다. 이하를 보면 한국에서도 많이 쓰이기 때문에 얼른 들으면 알 것 같은 용어가 대부분일 것이다. 일본식영어로 쓰이는 용어의 영어 표기, 일본어 표기, 한국어 뜻, 일본식영어에 해당하는 영어의 순서로 제시한다.

idol	アイドル	아이돌	pop star
after service	アフターサービス	애프터서비스	customer service
interphone	インターホン	인터폰	intercom
winker	ウィンカー	깜박이	turn signal
SNS	エスエヌエス	SNS	social media
OL	オーエル	여사무원	female office worker
auto bicycle	オートバイ	오토바이	motorcycle
open car	オープンカー	오픈카	convertible
cameraman	カメラマン	카메라맨	photographer
cunning	カンニング	커닝	cheat
claim	クレーム	클레임	complaint
consentric plug	コンセント	콘센트	outlet
cider	サイダー	사이다	soda pop
salaried man	サラリーマン	샐러리맨	office worker
seal	シール	실	sticker
skinship	スキンシップ	스킨십	physical contact
take-out	テイクアウト	테이크아웃	to go
viking	バイキング	뷔페	buffet
bike	バイク	스쿠터	motorcycle
handle	ハンドル	핸들	steering wheel
fried potato	フライドポテト	프라이드포테이토	french fries
freeter	フリーター	프리터	part-time worker
home page	ホームページ	홈페이지	web site
masscom	マスコミ	매스컴	mass media
morning call	モーニングコール	모닝콜	wake-up-call
live house	ライブハウス	라이브하우스	music pub
white shirt	ワイシャツ	와이셔츠	dress shirt
one-piece	ワンピース	원피스	dress

제10장

일본의 교육과 일본인

1. 일본의 학교
2. 일본인의 성씨
3. 일본인의 인기이름순위

상식 더하기

즐풍목우【櫛風沐雨】

즐풍목우(櫛風沐雨)는 비바람에 내몰리면서도 분주하게 일하는 것, 즉 고생을 거듭하면서도 열심히 자기 할 일을 하는 것을 말합니다. 성실하게 살아가는 것이 좋겠지요. 장자(莊子)에 나오는 말입니다. 문자 그대로 해석하면 머리는 바람으로 빗질이 되고 몸은 비에 젖어 씻긴다가 됩니다.

면목약여【面目躍如】

면목약여(面目躍如)는 세간의 평가에 어울리는 활약을 하여 생동감 있는 모양새를 나타냅니다. 업적이나 업무 등에서 그 사람다움이 나타나 세간에 대하여 얼굴이 서는 것을 말하죠. 주어진 업무를 충실히 이행하면서 빠릿빠릿하게 살아가는 것이 좋겠지요.

1. 일본의 학교

1.1 일본의 학교 시스템

일본에는 여러 가지 종류의 학교가 있다. 여기에서는 일본의 학교교육법에 정의된「학교」의 골격이 되는 초등학교에서 대학교까지를 살펴보기로 한다.

초등학교는 일본어로 소학교(小学校)라고 한다. 영문표기는 미국식 영어를 사용하여 Elementary School을 사용한다. 의무교육이며 교육기간은 6년이다. 대부분이 지방자치단체가 운영하는 공립학교 체제를 갖추고 있다. 만6세의 생일이 지난 후의 첫 4월1일에 입학한다. 초등학교 학생을 가리키는 공식 용어는「아동」이다. 2021년도 기준으로 일본의 초등학교 수는 대략 2만 개이며, 재적 아동 수는 630만 명 정도이다.

중학교는 일본어로도 중학교라고 하며 의무교육이다. 수업 연한이 3년이므로 초등학교를 포함하여 9년간이 의무교육 기간이 된다. 기본적으로는 만12세가 된 후의 첫 4월1일에 입학하게 된다. 영어로는 Junior High School로 표기한다. 중학교는 전국에 1만 개 정도가 있고 학생 수는 630만 명 정도이다. 초등학교를 졸업하면 거의 대부분이 중학교에 진입하게 된다는 결과가 된다. 중학생을 가리키는 공식 용어는「생도(生徒)」라고 하는데 한국과 용어의 쓰임새가 다르다.

고등학교는 일본어로도 고등학교이다. 단, 명칭으로 인해 한국에서와 마찬가지로 고등교육기관으로 잘못 인식하는 경우가 있는데, 고등학교는 중등교육기관이다. 교육기간은 기본적으로 3년이며 영어로는 High School을 사용한다. 전국에 5000개 정도의 고등학교가 있는데 공립학교가 대부분이다. 재학생 수는 320만 명 정도이다. 중학교 졸업생의 절반 정도가 고등학교에 진학한다는 결론

이 되는데 이 숫자는 학교교육법에 정의된「학교」에 다니는 학생을 집계한 숫자이다. 일본에는 이런 종류 이외의 학교로 전수학교(専修学校), 각종학교(各種学校) 등 여러 종류의 교육기관이 있기 때문에 각자의 목적이나 목표에 맞춰서 다른 종류의 학교를 선택하여 진학하는 경우도 많다. 고등학생도「생도(生徒)」라고 칭한다.

대학교는 일본어로 대학이라고 한다. 고등교육기관으로 일반적으로 12년간의 교육과정을 마친 학생을 입학 대상으로 한다. 영어로는 College 또는 University 로 표기한다. 수학 연한이 2년제인 단기대학이 있고 4년제인 일반대학이 있다. 일반대학을 졸업하고 더 깊은 연구를 하고자 할 때는 대학원에 진학하게 된다. 각각의 교육과정과 수료 요건을 충족하면 단기대학사, 학사, 수사(修士=한국의 석사), 박사 등의 학위를 수여한다.

일본에도「대학교」라는 학교가 있다. 단, 일본어로 말할 때 한국의 대학교는 고유명사로 서류에 쓸 때를 제외하고는「대학」이라고 칭해야 한다. 왜냐하면 일본에서의「대학교」는 학교교육법에 의한 학교가 아니기 때문이다. 각종 기관 등에서 특수한 목적을 갖고 설립한 학교이다. 예를 들면, 방위대학교, 경찰대학교, 세무대학교, 수산대학교, 노동대학교, 중소기업대학교, 기상대학교 등 우리가 알고 있는 일반적인 대학 이외에 많은「대학교」가 존재한다.

1.2 일본의 대학

일본의 문부과학성이 발표한 자료에 의하면 일본에는 현재 국립대학이 86교, 공립대학이 99교, 사립대학이 615교 있다.

일본에서 국립대학의 존재는 대단하다. 그 중에서도 특히「7대학」이 유명하다. 7대학은 구제 제국대학 중에서 일본 국내에 있던 제국대학을 종전 후에 제국을 빼고 칭하게 된 대학이다. 설립연도 순으로 도쿄대학(東京大学), 교토대학(京都大学), 도호쿠대학(東北大学), 규슈대학(九州大学), 홋카이도대학(北海道大学), 오사카대학(大阪大学), 나고야대학(名古屋大学)의 순이다. 이들 대학의 출신들은 일본 내에서 각종 혜택을 받으면서 정계, 재계, 교육계 등에서 활약하고 있다.

이들 7개 대학은 매년「전국7대학종합체육대회」를 개최하면서 결속을 다지고 있다. 1962년에「국립7대학종합체육대회」로 시작하였고, 2004년 국립대학의 법인화에 따라 현재의「전국7대학종합체육대회」로 명칭이 바뀌었다.

일본의 제국대학은 원래 9개가 있었다. 위에서 말한 7대학 이외에 6번째로 서울에 경성제국대학이 있었고, 7번째로 대만에 대북제국대학이 있었다. 경성제국대학은 해방 후에 서울대학교로 발전하였고, 현재의 대학로에 본부가 있었기 때문에 지금도 그곳을 대학로라고 한다. 대만에 있었던 대북제국대학은 현재 국립타이완대학으로 이어지고 있다.

사립대학 중에서는 게이오대학과 와세다대학을 상위 두 대학으로 꼽는다. 게이오대학은 후쿠자와 유키치(福沢諭吉)에 의해 설립된 대학으로 공식 명칭은「게이오기쥬쿠대학(慶応義塾大学)」이다. 와세다대학(早稲田大学)은 오쿠마 시게노부(大隈重信)가 설립한 사립대학이다.

공립대학은 각 지방자치단체가 각각의 지방에 설립한 대학으로 국립대학과 더불어 국공립대학으로 불리기도 한다.

1.3 일본의 노벨상

노벨상의 6분야 즉, 생리의학상, 물리학상, 화학상, 문학상, 평화상, 경제학상 중, 2022년 현재 일본에서는 경제학상을 제외한 5분야에서 노벨상 수상자를 배출하고 있다. 수상시에 일본 출신으로 일본 국적을 보유한 수상자가 25명, 일본 출신이지만 연구 등의 이유로 외국 국적을 취득한 수상자가 4명으로 총 29명이

노벨상을 수상하였다.

분야별로 보면 물리학상 수상자가 12명(9명+3명)으로 가장 많은데 기초과학이 튼실함을 엿볼 수 있다. 화학상을 8명이 수상하였다. 생리의학상은 5명, 문학상은 3명(2명+1명), 평화상 1명이다.

노벨상 수상자를 출신학교별로 보면 상위 3개 학교가 절반 이상을 차지하고 있음을 알 수 있다. 도쿄대학이 학사 9, 석사 4, 박사 8명으로 가장 많고, 2위는 교토대학으로 학사 8, 석사 3, 박사 3명이다. 3위는 나고야대학으로 학사 3, 석사 4, 박사 5명이다. 학사나 석사, 박사를 같은 대학에서 수학한 경우도 많기 때문에 전부 합하면 71개교가 된다. 그중 상위 3개교에서 47명이 수학한 셈이 된다.

2. 일본인의 성씨

일본인의 성씨는 세계에서 가장 많다. 공식적으로 집계된 것만으로도 약 12만 개나 된다. 매스컴에서는 16만 개를 거론하는 경우도 있으나 인명사전에는 보통 12만 개가 등재된다.

기본적으로 한자 두 글자 체계를 갖추고 있는데, 일본인의 이름도 기본적으로는 한자 두 글자 체계이다. 따라서 일본인의 성명은 총 네 글자로 되어 있는 것이 가장 많다.

한국인은 기본적으로 성이 한 글자이고 이름이 두 글자이다. 중국은 성이 하나이고 이름도 한 글자인 경우가 많다. 특히 중국인은 일본인이나 한국인에 비해 이름에 한 글자를 선호하는 경향이 있다. 역대 왕조의 이름도 한 글자인 왕조는 확고한 체제를 갖춘 왕조이고 두 글자 이상인 왕조는 혼란스러운 시기였던 경향이 있었다.

일본인은 하도 성씨가 많기 때문에 한자로 쓰면 일본인들조차도 읽지 못하는 경우가 허다하다. 그래도 우리에게 꽤나 익숙한 성도 있다. 일본인의 성씨에서 가장 많은 베스트 10은 다음과 같다.

순위	한글	한자	히라가나
1	사토	佐藤	さとう
2	스즈키	鈴木	すずき
3	다카하시	高橋	たかはし
4	다나카	田中	たなか
5	와타나베	渡辺	わたなべ
6	이토	伊藤	いとう
7	나카무라	中村	なかむら
8	야마모토	山本	やまもと
9	고바야시	小林	こばやし
10	가토	加藤	かとう

그런데 1위인 사토씨가 약 200만 명으로 일본인의 성씨에서 차지하는 비율은 2퍼센트가 되지 않는다. 한국에서는 김씨가 약 1000만 명으로 전체 인구의 20퍼센트를 차지하는데 말이다.

현재 한국인의 성씨는 500여 개이다. 300개라고 하는 사람도 있으나 500개를 넘긴 지 꽤 오래되고 있다. 일본인의 성씨에 비하면 200분의 1도 안 되지만 말이다.

한국인은 김, 이, 박, 최, 정, 강, 조, 윤, 장, 임씨가 베스트 10을 차지하고 있다. 이 중에서 김, 이, 박씨가 전체 인구의 절반 가까이를 점하고 있으며, 100만 명 가까이 되는 10위 임씨까지의 인구가 전체 인구의 60퍼센트를 넘긴다.

여기에서 일본인의 성씨가 많아진 이유를 살펴보도록 하자. 일본어를 공부하다가 참 어렵다는 느낌을 갖는 것 중의 하나가 한자읽기인데, 그 난독한자의 극치는 인명읽기라고 할 수 있다. 비일본어화자가 일본어와 접할 때 가장 어려움을 느끼는 것은 무엇보다도 일본인의 인명, 특히 성을 읽는 방법이라고 할 수 있는 것이다. 그 읽는 방법을 보면 가히 가관이라 할 수 있다.

일본인의 성은 그야말로 복잡다양하다. 전술한 바와 같이 일본인의 성은 현재 12만 개에 이른다. 이것은 가계(家系)의 이름인 성의 종류가 많기로 세계 제일이라고 알려져 있다. 한국인의 성 오백여 개에 비하면 하늘과 땅 만큼의 차이가 난다.

왜 이렇게 일본인의 성은 많아졌을까? 일본인의 성의 역사는 아주 재미있는데, 모든 일본인이 성을 갖게 된 역사는 그리 오래되지 않았다. 과거에도 물론 성은 존재하였지만, 성을 가진 자들은 소위 지배층, 즉 무사계급에 국한되었다. 메이지유신(1868년) 때까지 일반 서민은 특별한 경우를 제외하고는 성을 갖는 것이 금지되었다.

이와 같이 일본인은 메이지유신 때까지는 특수한 계층을 제외한 일반인은 성을 갖지 않았던 것이다. 그러던 것이 메이지유신 때에 만민평등의 사상에 근거하여, 그때까지 성이 허용되지 않았던 일반 서민도 성을 가질 수 있도록 허용되었다. 그러나 당시의 서민들은 성의 필요성을 특별히 느끼지 않은 사람들도 많아서 성을 갖지 않은 사람도 상당히 있었던 모양이다. 그래서 징병령(1873년)에 의해 전 가구 수를 파악할 필요성을 느낀 정부는 1875년 성의 보유를 의무화한다.

메이지유신 후에 정치적인 목적하에 급조된 성이 많은 것이다. 그러나 그때까지 성을 갖고 있던 지배층보다 몇 배에 달하는 일반 서민이 갑자기 성을 가지려니 혼란이 발생할 수밖에 없었다. 스스로 자기의 성을 지은 사람도 있었겠지만, 많은 사람들이 소위 유식자에게 성을 의뢰했고, 경우에 따라서는 관청 직원의 취향에 따라 제멋대로 지어진 성도 있었다고 한다.

갑자기 성을 짓다 보니, 「논(밭)에」 살면 「다나카(田中)씨」이고, 「산에」 살면 「야마나카(山中)씨」, 「산 아래에」 살면 「야마시타(山下)씨」이다. 관청 직원의 취향에 따라 같은 한자에도 읽기가 다른 경우도 있다. 필자가 아는 사람만 하더라도 「신야(神野)」라는 한자의 성은 「신노(しんの)」라는 사람도 있고 「진노(じんの)」라는 사람도 있다.

이와 같이 성이 많다 보니, 이를 어느 정도 제한할 필요성을 느낀 일본정부는 한자를 제한하기에 이른다. 현재 인명용한자는 상용한자 외에 863자를 표외자로 인정하고 있다. 그러나 이것은 글자를 제한한 것으로, 읽는 법에는 제한이 없다. 따라서 자기 마음대로 읽을 수 있다는 뜻이 된다. 이것도 일본인의 성명을 읽기 어렵게 하는 요인이 되고 있다.

또한, 현대인의 이름은 누구에게나 읽기 쉽고 쓰기 쉽고 기억하기 쉬운 이름을 지으려고 노력하지만, 옛날 사람들은 너무 쉽게 이름이 기억되면 여러 가지 불리한 상황에 처할 수 있다는 생각에 가능하면 읽기 어려운 성이나 이름을 짓기를 원했던 것 같다. 그래서 고안에 고안을 거듭하여 지금으로서도 얼른 보면 뭐라고 읽는지 도무지 알 수 없는 성도 있다. 이와 같은 것도 일본인의 성을 많게 한 요인이라고 볼 수 있겠다.

참고로, 일본인 중에서 성을 갖지 않는 유일한 가계가 있다. 그것은 만세일계를 주장하는 천황과 그 계통이다. 성이라는 것은 다른 가계와 구별하기 위한 목적하에서 만들어졌는데, 천황은 유일한 계통이라는 주장에 의해 다른 가계와 구별할 필요도 없고 그래서도 안 된다는 생각에서이다.

아무튼, 위와 같은 역사 속에서 이루어진 일본인의 복잡다양한 성 중에서, 한국인의 입장에서 봤을 때 특히 인상에 남는 성을 몇 가지 소개하도록 한다.

먼저, 숫자와 관련된 성을 보도록 하자. 일본인은 성이나 이름에 숫자를 사용하는 경우가 매우 많다. 예를 들면, 「一」이라는 성은 「이치몬지(いちもんじ)」라고 읽고, 「一二三」이라는 성은 「히후미(ひふみ)」라고 읽는다. 「九」는 「이치지쿠(いちじく)」, 「十」은 「모지(もじ)」 또는 「쓰나시(つなし)」, 「九十九」는 「쓰쿠모(つくも)」라고 읽는다. 「千万憶」이라는 성은 「쓰모루(つもる)씨」라고 부르는데, 이 성을 처음으로 봤을 때는 굉장히 금전욕이 강한 사람이구나, 하고 생각했다. 그런데, 「억(億)」이 아니고 「억(憶)」이었다. 천만번이나 생각을 하니 「쓰모루(つもる : 마음에 쌓이다)」이다.

최고의 걸작은 「사월일일(四月一日)」 또는 「사월삭일(四月朔日)」이라고 써서 「와타누키(わたぬき)」라고 읽는 성인 것 같다. 「사월일일(四月一日)」 또는 「사월삭일(四月朔日)」이라고 써서 왜 「와타누키(わたぬき)씨」라고 읽을까? 그 유래는 우리의 생활과 밀접한 관계가 있다. 그것은 「와타(綿 : 솜)」를 「누쿠(抜く : 빼다)」하는 계절을 나타낸다. 가난했던 지난 시절에 두 겹으로 된 겉옷을 음력 4월1일이 되어 따뜻해지면 안에 채워져 있던 솜을 빼서 여름옷으로 사용하였던 데에서 비롯되었다. 현재는 주로 두 글자인 「와타누키(綿貫)」라는 표기를 사용하는 경우가 많다.

한자의 음으로 봤을 때, 아주 재미있는 성이 있다. 예를 들어 「시카마(色麻)씨」 즉, 「색마씨」가 그 좋은 예인데, 보통 말인 「시키마(色魔 : 색마)」가 연상된다. 일본에서는 이성에 추물거리는 사람을 「엣치」라고 하는데, 「오치(越智)씨」를 한자음대로 읽으면 이 「엣치씨」가 된다. 필자가 나고야대학에서 근무할 때, 내 연구실 건너편의 독일어 전공을 한 분의 성인데, 그 앞을 지날 때마다 이상한 생각이 들었다.

일본어의 의미로 봤을 때 한자대로 해석하면 더 재미있는 성도 있다. 예를 들어, 일본어로 「바람기」를 「浮気(우와키)」 즉 「마음이 들떠있는 상태」로 표현하는데, 이 한자를 그대로 써서 「浮気(후케)씨」라는 사람이 있다. 물론, 「바람기」를 뜻하는 「우와키」라고는 하지 않고 「후케」라고 읽지만, 「우와키」라고 읽히지 않으리라는 법도 없다. 「浮気(후케)씨」 즉 「바람기씨」보다는 약간 정도가 가볍지만 「小浮気(고후케)씨」라는 성도 있다. 「약간 바람기 있는 사람」인지 모르겠다.

「愛子(아야시)씨」라는 성이 있다. 그런데 「아야시」라고 하면 「수상쩍다, 의심스럽다」 등의 의미를 나타내는 일본어 「아야시이(怪しい)」라는 말이 연상된다. 「출구(出口, 데구치)씨」가 있는가 하면 「입구(入口, 이리구치)씨」도 있다.

「미타라이(御手洗)씨」를 처음으로 봤을 때는 「화장실씨」인가 하고 깜짝 놀랐다. 화장실을 나타내는 「오테아라이(御手洗い)」와 한자가 동일하기 때문이다. 「야쓰메(八女)씨」는 「놈, 녀석」을 나타내는 「야쓰(奴)」에 비속접미사 「메(め)」가 붙어있는 것처럼은 들리지 않을까?

「이에시키(己己己己)씨」는 자기주장이 몹시 강한 사람인지도 모른다. 「스네코시(子子子子)씨」는 자식 욕심이 몹시도 많은 사람일까? 「다카나시(小鳥遊)씨」는 무서운 「다카(鷹 : 매)」가 없으니 작은 새가 잘 논다는 뜻이고, 「야마나시(月見里)씨」는 「야마(山 : 산)」가 없으니 달이 잘 보이는 동네라는 뜻이다. 「니이미(新見)씨」도 한국인에게는 대단히 기이하게 들린다. 비속어가 아주 발달되어 있는 한국어 중에 「니이미○○다」라는 욕이 있기 때문이다.

「동서남북(東西南北)씨」는 사방팔방으로 퍼져 있으니 「요모히로(世も広 : 세상 넓다)」로 읽으며, 「춘하추동(春夏秋冬)씨」는 「히토토세(一年 : 1년)」라고 읽는다. 「니이즈마(新妻)」라는 성이 있다. 이것은 「새색시, 새댁」이라는 뜻의 일반적인 단어인데, 이 한자어를 그대로 쓰는 가계가 있다. 요즘 방송에 자주 출연하는 배우 겸 가수인 「니이즈마 세이코(新妻聖子)」씨는 특히 여성이기 때문에 평생 「새색시」나 「새댁」으로 살 수 있을지도 모를 일이다.

이 밖에도 「행복(幸福, 고후쿠)씨」, 「국보(国宝, 고쿠호)씨」, 「선생(先生, 센죠)씨」, 「시계(時計, 도케이, 도키에)씨」, 「부모(父母, 후모, 후보)씨」, 「기록(記録, 기로쿠)씨」, 「미소(微笑, 호호에미, 비쇼)씨」 등, 다양한 성이 참 많다.

3. 일본인의 인기이름순위

3.1 이름에 사용할 수 있는 문자

이름에 사용할 수 있는 한자는 법률로 정해져 있는데, 상용한자 2136자와 인명용한자 863자를 합하여 2999자이다. 한자 이외에 사용할 수 있는 문자로는, 히라가나, 가타카나, 장음부호「ー」, 가나 반복부호「ゝ, ゞ」, 한자 반복부호「々」가 있다. 계산용 숫자나 로마숫자, 알파벳은 사용할 수 없다.

◉ 이름 읽는 법

이름에 사용할 수 있는 한자는 제한되어 있어도 읽기에 제한은 없다. 한자에는 음독과 훈독 외에, 이름과 관련하여 특별히 사용할 수 있는 읽기가 있는데 이를「나노리(名のり)」라고 한다. 예를 들면「태(太)」라는 문자의 경우,「타이(タイ), 후토(ふと)」외에,「우즈(うず), 오(おお), 시로(しろ), 다이(だい), 타(た), 토(と), 히로(ひろ), 히로시(ひろし), 후토시(ふとし), 마스(ます), 미(み), 모토(もと)」라고도 읽을 수 있다. 그러나 이 나노리(名のり)에 구애받지 않고 읽기를 더 확장할 수도 있는 것이다.

◉ 시대별 이름의 특징

1) 다이쇼시대(大正時代, 1912년~1926년)

다이쇼시대의 초엽에는 두 글자로 된 이름이 많고,「하루(ハル),「기요(キヨ)」와 같은 가타카나가 주를 이루고 있었는데, 서서히 한자 이름이 많아지게 되었다. 연호가 바뀌게 되면 그 연호에 들어간 한자를 선호하는 경향이 있는데,

남자는 초기에「정(正)」자가 인기가 있었고, 후반에는「청(清)」자가 인기였다. 여자는「후미코(文子)」「치요(千代)」가 인기였다.

2) 쇼와시대(昭和時代, 1926년～1989년)

쇼와시대 초엽에는 연호를 바꾼 효과로「소(昭)」「화(和)」라는 글자가 많이 붙게 되었다. 전쟁 중에는, 남자의 용맹함을 느끼게 하는「용(勇)」「승(勝)」자가 인기였다. 여자는「가즈코(和子)」가 쇼와시대 초기의 26년 동안에 1위를 23번, 2위를 3번 하면서 압도적인 인기를 얻었고,「사치코(幸子), 게이코(恵子) 등이 그 뒤를 따른다. 쇼와30년대에는 남자는「성(誠)」, 여자는「미(美)」라는 글자를 이름에 많이 사용하게 되었다. 쇼와50년대 이후에는 이름이 다양화하게 된다. 여자의 이름에도 그때까지 태반이 사용되고 있던「○○코(子)」에서 벗어나는 현상이 정착되었다.

3) 헤이세이시대(平成時代, 1989년～2019년)

헤이세이시대에는 남녀 모두 이름의 다양화시대를 맞이한다. 헤이세이로 연호가 개정된 것에 의한 영향은 앞 시대에 비하여 뚜렷하게 보이지는 않는다. 남자의 경우는「평(平)」자를 활용한 이름이 어느 정도 보이고, 여자의 경우는「성(成)」자를 활용한「나루미(成美)」가 상위권에 등장했다.

최근에는 전통적으로 한자 두 글자 체제가 기본이었던 일본인의 이름에 한자 한 글자로 된 이름이 유행하는 경향을 보인다.

3.2 2022년생의 이름 랭킹

2022년에 태어난 아이 이름의 인기순위를 메이지야스다생명(明治安田生命)의 조사결과를 토대로 보이면 다음과 같다. 한자표기를 기본으로 한 순위와 읽기를 기본으로 한 순위의 남녀 각각 10위까지이다.

먼저, 표기순위로 본 랭킹과 그 이름의 읽기이다. 똑같은 한자에 읽기가 여럿 있을 수 있고, 한자 한 글자로 표기하는 이름이 상대적으로 많아지고 있는 현상을 볼 수 있다.

◉ 남자아이 표기순위와 읽기

1위 蒼 (アオイ, ソウ, アオ, ソラ)

1위 凪 (ナギ, ナギサ)

3위 蓮 (レン)

4위 陽翔 (ハルト, ヒナト, ヒナタ, ヒロト, アキト, ハルヒ, ヒュウガ, ヒビト, ヤマト, ヒカル)

4위 湊 (ミナト, ソウ, カナタ, カナデ)

4위 颯真 (ソウマ, フウマ)

4위 碧 (アオイ, アオ)

8위 樹 (イツキ, タツキ, イヅキ, ミキ)

9위 大和 (ヤマト, ナゴミ, ヒロト, ダイト, ダイヤ)

9위 悠真 (ユウマ, ハルマ, ユウジン, ユマ)

◉ 여자아이 표기순위와 읽기

1위 陽葵 (ヒマリ, ハルキ, ヒナタ, ヒナ, ヒヨリ)

2위 凛 (リン)

3위 詩 (ウタ)

4위 陽菜 (ハナ, ヒナ, ハルナ, ヒナノ, ヒナタ, アキナ, フナ, ユナ)

4위 結菜 (ユナ, ユイナ, ユウナ)

6위 杏 (アン, アンズ, アンナ, コウ, モモ)

7위 澪　(ミオ, レイ)

8위 結愛　(ユイ, ユナ, ユア, ユイナ, ユメ, ユラ, ユウア, ユウミ, ユナリ, ユウカ, メイア, ユノ, ユイア, ユウナ)

9위 芽依　(メイ)

9위 莉子　(リコ)

한편, 읽기를 기준으로 한 남자아이와 여자아이 이름의 인기순위 10위까지지는 다음과 같다.

순위	남아 읽기	한국어	여아 읽기	한국어
1위	ハルト	하루토	エマ	에마
2위	アオト	아오토	メイ	메이
3위	リク	리쿠	サナ	사나
4위	ミナト	마나토	ミオ	미오
5위	ハルキ	하루키	イチカ	이치카
6위	ユイト	유이토	ユイ	유이
7위	ハル	하루	アオイ	아오이
8위	アオイ	아오이	コハル	고하루
9위	ソウタ	소타	ツムギ	쓰무기
10위	イツキ	이쓰키	ヒマリ	히마리

남자아이의 표기순위 상위 10위가 읽기순위의 상위 10위에도 들어있는 것은 「하루토(ハルト), 미나토(ミナト), 아오이(アオイ)」이고, 여자아이의 표기순위 상위 10위가 읽기순위의 상위 10위에도 들어있는 것은 「메이(メイ), 미오(ミオ), 히마리(ヒマリ)」이다. 「아오이(アオイ)」는 남자아이와 여자아이의 읽기순위 10위 안에 각각 들어있다.

【참고문헌】

국립국어원편 (2007)『사전에 없는 말 신조어』, 태학사.
日外アソシエーツ編 (1995)『일본 인명 읽기 사전』, 그린비출판사.
日本語ジャーナル編集部編 (1996)『日本旅行事情 自然と地方文化』, アルク.
日本文化いろは事典プロジェクトスタッフ (2006)『日本の伝統文化・芸能事典』, 汐文社.
デイビッド・セイン (2012)『英語で日本全国47都道府県めぐり』, Jリサーチ出版.
前田富祺編 (2011)『常用漢字最新ハンドブック』, 明治書院.
백동선 (2018)『일본이 보이는 독해문』, 신아사.
『世界の国ぐに』(2017) 小学館.
徐廷範 (1996)『日本語の源流と韓国語』, 三一書房.
柴田武編 (1993)『世界のことば小事典』, 大修館書店.
昭文社編 (2018)『旅地図日本』, 昭文社.
申景浩 (2005)『現代日本事情と文化』(개정판), 일본어뱅크.
야나부 아키라(김옥희 역) (2011)『번역어의 성립』, 마음산책.
江口裕之, ダニエル・ドゥーマス (2001)『英語で語る日本事情』, ジャパン タイムズ.
오종필 역 (2018)『훈몽자회 3360』(訓蒙字会, 崔世珍 撰), 부크크.
板坂元 (1996)『日本を知る』(改訂版), スリーエーネットワーク.
International Internship Programs『일러스트로 읽는 일본미니백과』, 다락원.
정형 (2018)『사진・통계와 함께 읽는 일본 일본인 일본문화』, 다락원.
自由国民社編 (2022)『現代用語の基礎知識2022』, 自由国民社.
『常用漢字表』(平成22年11月30日内閣告示) (2011), 全国官報販売協同組合.

〈검색프로그램〉

観光経済新聞, https : //www.kankokeizai.com
公益財団法人 日本城郭協会, jokaku.jp
Google, https : //www.google.co.kr

暮らし歳時記, https : //www.i-nekko.jp
나무위키, https : //namu.wiki/
NAVER, https : //www.naver.com
明治安田生命, https : //www.meijiyasuda.co.jp
文部科学省, https : //www.mext.go.jp
文化庁, https : //www.bunka.go.jp
YAHOO! JAPAN, https : //www.yahoo.co.jp
ORICON NEWS, https : //www.oricon.co.jp
위키백과, https : //ko.wikipedia.org/wiki/
ウィキペディアフリー百科事典, https : //ja.wikipedia.org/
一般社団法人日本ABC協会, https : //www.jabc.or.jp
통계청, https : //kostat.go.kr
tripnote, https : //tripnote.jp
표준국어대사전, https : //stdict.korean.go.kr/main/main.do

【색인】

〈ㅇ〉

백동선 (白同善)

· 일본 나고야대학대학원문학연구과 일본언어문화전공
석 · 박사과정 졸업, 문학박사
· 나고야한국학교, 나고야대학 교관 역임
· 현재 강원대학교 일본학과 교수

〈저서 및 논문〉
· 『일본이 보이는 독해문』 (2018, 신아사)
· 「ドラマを通じてみた敬語の誤用分析」
(2018, 『日本文化研究』 第67輯) 등

인문학탐색을 위한
일본의 이해

1판 1쇄 발행 _ 2023년 2월 27일
1판 2쇄 발행 _ 2025년 2월 27일

저　　자 • 백 동 선
발 행 인 • 정 현 걸
발　　행 • 신 아 사
인　　쇄 • 삼일문화
출판등록 • 1956년 1월 5일 (제9-52호)
주　　소 • 서울시 은평구 통일로 59길 4 (2층)
전　　화 • 02)382-6411 · 팩스 02)382-6401
홈페이지 • www.shinasa.co.kr
E-MAIL • shinasa@daum.net

ISBN 979-11-92428-48-2 (93300)

정가 15,000원